pâtes aux fruits de mer

et au poisson

Photos : Gary Smith
Création des recettes : Ellen Argyriou, Janet Lodge et Lyn Carroll
Préparation des plats : Louise Hockham et Katrina Cleary
Stylisme : Michelle Zammit
Traduction : Odette Lord

**Catalogage avant publication
de la Bibliothèque nationale du Canada**

Vedette principale au titre :

Pâtes aux fruits de mer et au poisson

Traduction de : The great seafood pasta and noodle cookbook.

1. Cuisine (Fruits de mer).   2. Cuisine (Poisson).
3. Cuisine (Pâtes alimentaires).   I. Lord, Odette.

TX747.G7714   2004   641.6'92   C2003-942252-6

Pour en savoir davantage sur nos publications,
visitez notre site : **www.edhomme.com**
Autres sites à visiter : www.edjour.com • www.edtypo.com
www.edvlb.com • www.edhexagone.com • www.edutilis.com

Dépôt légal : 2e trimestre 2004
Bibliothèque nationale du Québec

ISBN 2-7619-1724-3

DISTRIBUTEURS EXCLUSIFS :

• Pour le Canada
et les États-Unis :
MESSAGERIES ADP*
955, rue Amherst
Montréal, Québec
H2L 3K4
Tél. : (514) 523-1182
Télécopieur : (514) 939-0406
* Filiale de Sogides ltée

• Pour la France et les autres pays :
INTERFORUM
Immeuble Paryseine, 3, Allée de la Seine
94854 Ivry Cedex
Tél. : 01 49 59 11 89/91
Télécopieur : 01 49 59 11 96
Commandes : Tél. : 02 38 32 71 00
                    Télécopieur : 02 38 32 71 28

• Pour la Suisse :
INTERFORUM SUISSE
Case postale 69 - 1701 Fribourg - Suisse
Tél. : (41-26) 460-80-60
Télécopieur : (41-26) 460-80-68
Internet : www.havas.ch
Email : office@havas.ch
DISTRIBUTION : OLF SA
Z.I. 3, Corminbœuf
Case postale 1061
CH-1701 FRIBOURG
Commandes : Tél. : (41-26) 467-53-33
                    Télécopieur : (41-26) 467-54-66
                    Email : commande@ofl.ch

• Pour la Belgique et le Luxembourg :
INTERFORUM BENELUX
Boulevard de l'Europe 117
B-1301 Wavre
Tél. : (010) 42-03-20
Télécopieur : (010) 41-20-24
http://www.vups.be
Email : info@vups.be

Gouvernement du Québec – Programme de crédit d'impôt pour l'édition de livres – Gestion SODEC – www.sodec.gouv.qc.ca

L'Éditeur bénéficie du soutien de la Société de développement des entreprises culturelles du Québec pour son programme d'édition.

Nous reconnaissons l'aide financière du gouvernement du Canada par l'entremise du Programme d'aide au développement de l'industrie de l'édition (PADIÉ) pour nos activités d'édition.

tout un plat !

pâtes aux fruits de mer

et au poisson

LES ÉDITIONS DE
L'HOMME

Des pâtes parfaites

LES PÂTES, UN SURVOL

Depuis des milliers d'années, les pâtes, sous toutes leurs formes, ont embelli les tables du monde entier, et particulièrement celles de l'Italie. Reconnues comme l'un des aliments chouchous, elles possèdent des vertus qui en feront peut-être l'aliment vedette du XXIe siècle. Et leurs grandes qualités nutritionnelles leur ont valu le titre de super aliment. Parmi leurs nombreux avantages, les pâtes, qui constituent aussi

un aliment de base idéal, sont économiques, faciles à conserver, polyvalentes et c'est un plaisir de les manger.

Les pâtes sont à base de céréales moulues mélangées avec une certaine quantité de liquide (souvent aussi avec d'autres ingrédients qui servent à les aromatiser et à les colorer.) Le fait de les pétrir produit une pâte homogène. La pâte obtenue peut alors être abaissée, coupée et façonnée en des centaines de variétés. Mais pour se simplifier la vie, on peut diviser les pâtes en deux grandes catégories : les pâtes fraîches et les pâtes séchées.

LES INGRÉDIENTS DE BASE

La farine et les œufs sont les ingrédients de base des pâtes fraîches. On leur ajoute parfois un peu d'huile ou d'eau, pour que la pâte soit plus facile à

travailler, et un peu de sel pour la saveur.

Les pâtes sèches, que l'on trouve généralement sur le marché, sont à base d'eau et de semoule, une variété de farine de blé dur moulu de grande qualité.

Grâce à la semoule, la pâte est ferme et élastique, et elle possède suffisamment de consistance pour être passée dans une machine à faire les pâtes. La semoule peut aussi être utilisée dans les pâtes maison, seule ou mélangée avec de la farine ordinaire pour donner plus de corps et une meilleure texture au produit fini.

VALEUR NUTRITIVE

Les pâtes font partie des aliments à haute valeur énergétique, elles sont aussi faibles en matières grasses et sont une grande source de fibres. Elles contiennent une bonne quantité de protéines et des vitamines du groupe B, la thiamine, particulièrement.

De plus, les sauces que l'on sert avec les pâtes et les ingrédients qu'elles contiennent augmentent la valeur nutritive du plat.

COMMENT CUIRE LES PÂTES

Pour réussir chaque fois des pâtes parfaites, vous n'avez qu'à observer quelques règles de base, et adieu pâtes collantes ou pâteuses. Utilisez une grande casserole et beaucoup d'eau et rappelez-vous que les Italiens se plaisent à répéter que «les pâtes aiment nager». Laissez ensuite l'eau parvenir à ébullition avant d'ajouter du sel. Quand l'eau bout à gros bouillons, ajoutez les pâtes, quelques poignées à la fois, et brassez délicatement pour éviter qu'elles ne collent. Couvrez la casserole pour permettre à l'eau de bouillir de nouveau, mais attention que l'eau ne déborde pas. Vérifiez la cuisson des pâtes en goûtant l'une d'entre elles. La pâte est cuite quand elle est al dente. Souvenez-vous que des pâtes séchées de diverses épaisseurs peuvent nécessiter des temps de cuisson différents. Quand les pâtes sont cuites, égouttez-les immédiatement.

Pour les empêcher de coller, ajoutez la sauce sans tarder, en mélangeant bien pour répartir la sauce également. Avec les spaghettinis et les cheveux d'ange, servez une sauce légère et avec les plus grosses pâtes, une sauce plus consistante. L'une des règles de base est de vous assurer de servir une sauce plus consistante si vous utilisez des pâtes plus grosses (spaghettis, linguines ou fettucines).

Si vous servez des pâtes cylindriques, accompagnez-les d'une sauce qui adhérera autant à l'intérieur qu'à l'extérieur de la pâte. Les coquilles ont une forme parfaite pour retenir la sauce et les morceaux de viande, de poisson ou de poulet.

Pour obtenir un plat plein de saveur, les pâtes en spirale sont plus polyvalentes, car elles permettent à une sauce plus riche de bien adhérer aux pâtes. Les ingrédients qui entrent dans la confection des sauces ont pour seule limite l'imagination du cuisinier et son désir d'explorer de nouvelles avenues. Cet ouvrage contient un grand nombre de sauces des plus savoureuses, mais nous ne saurions trop vous encourager à faire de nouvelles expériences culinaires en utilisant vos pâtes préférées.

LES MEILLEURES HUILES POUR LES PÂTES

L'une des façons de rehausser la saveur des pâtes est de leur ajouter une huile d'olive de bonne qualité. La saveur et la qualité d'une huile d'olive varient selon le type d'olive pressé, l'endroit où les olives ont poussé et la méthode utilisée. Les diverses huiles d'olive sont classées selon la quantité d'acide oléique qu'elles contiennent et leur méthode de fabrication. L'huile doit avoir été fabriquée avec des olives qui n'ont pas été traitées chimiquement pour pouvoir entrer dans l'une de ces catégories :

• vierge (pas plus de 4% d'acide oléique) ;

• vierge semi-fine (pas plus de 3 % d'acide oléique) ;

• vierge fine (pas plus de 2% d'acide oléique) ;

• extra-vierge (pas plus de 1% d'acide oléique).

COMMENT CONSERVER ET UTILISER L'HUILE D'OLIVE

• Choisissez une huile à l'arôme fruité ou poivré, qui a du corps.

• Conservez l'huile dans un endroit où elle ne sera pas exposée à la chaleur ni à la lumière, car elle pourrait rancir. Ne la conservez pas plus d'un an.

• Pour les sautés et les plats au four, utilisez une huile d'olive abordable et de bon goût. Réservez les plus fines pour le pesto, pour d'autres plats qui ne nécessitent pas de cuisson ou pour verser en filet sur les aliments, juste avant de les servir.

POUR BIEN CONNAÎTRE LES PÂTES

CANNELLONIS : Larges pâtes creuses qui sont souvent farcies, recouvertes de sauce et de fromage, puis cuites au four. Les cannellonis peuvent aussi être farcis et cuits en grande friture jusqu'à ce qu'ils soient croustillants. Si vous voulez les frire, vous devez d'abord les faire bouillir, les farcir, puis les frire. Vous pouvez aussi utiliser des pâtes à lasagne pour préparer des cannellonis au four. Étendez alors la farce au milieu des pâtes, puis roulez-les.

CHEVEUX D'ANGE : On les trouve aussi sous le nom italien de *cappelli di angelo*. On enroule ces pâtes très longues et minces pour les faire sécher, cela les empêche de casser. À cause de leur délicatesse, elles accompagnent admirablement bien les sauces légères.

COQUILLES : On les appelle aussi *conchiglie* si elles sont grosses ou *conchigliette*, si elles sont petites. Les grosses coquilles sont idéales avec les farces. Les petites s'utilisent très bien dans les plats en casserole, dans les soupes et les salades.

FARFALLES : Le mot italien *farfalle* signifie papillon. Ces pâtes en forme de boucle sont délicieuses avec des sauces à la viande et aux légumes, car la sauce reste emprisonnée dans les replis de la pâte.

FETTUCINES : Pâtes plates en forme de ruban qui peuvent être utilisées de la même façon que les spaghettis.

Souvent vendues en nids, les fettucines sont particulièrement savoureuses avec des sauces crème, car celles-ci adhèrent mieux à la pâte que les sauces plus robustes.

LASAGNES : Feuilles de pâte plates généralement disposées en différentes couches avec de la viande, du poisson ou une sauce aux légumes, garnies de fromage, puis cuites au four, elles forment un plat délicieux et consistant. Il existe aussi des pâtes à lasagne instantanées que vous n'avez pas à faire bouillir.

LINGUINES : Ces pâtes longues et minces ressemblent aux spaghettis, mais les bouts sont carrés. On peut les utiliser de la même façon que les spaghettis, les fettucines et les tagliatelles.

MACARONIS : Les macaronis, pâtes très populaires en dehors de l'Italie, sont utilisés la plupart du temps dans des plats au four et dans le classique macaroni au fromage.

ORECCHIETTE : En italien, *orecchiette* signifie petite oreille et c'est exactement ce à quoi ressemble cette pâte. Elle ne contient pas d'œufs et elle a habituellement une texture plus ferme que celle de certaines autres pâtes. Ces pâtes étaient généralement faites à la main, mais on peut maintenant en trouver des séchées dans les épiceries italiennes et dans certains supermarchés.

PAPPARDELLES : Pâtes en rubans très larges qui étaient traditionnellement servies avec une sauce au lièvre, aux herbes et au vin. Aujourd'hui, on les accompagne de n'importe quelle sauce riche.

PÂTES EN SPIRALE : On les appelle aussi fusillis. Ces pâtes sont délicieuses avec des sauces à la viande riches, car la sauce adhère bien aux boucles.

PENNE : Pâtes courtes en forme de tubes, semblables aux macaronis, mais dont les extrémités sont coupées en angle plutôt que droit. Elles se marient fort bien aux sauces à la viande et aux sauces robustes qui se nichent dans ses cavités.

SPAGHETTIS : Ce nom provient de l'italien *spago*, qui signifie corde. En dehors de l'Italie, les spaghettis sont les pâtes les plus connues et les plus populaires. On peut tout simplement les accompagner de beurre ou d'huile, mais ils sont aussi savoureux avec presque n'importe quelle sauce.

TAGLIARINI : Ces pâtes sont semblables aux fettucines. On donne souvent ce nom aux fettucines maison.

TAGLIATELLES : Autre type de pâtes plates en rubans, les tagliatelles sont plus populaires dans le nord de l'Italie que dans le sud. On les utilise de la même façon que les fettucines.

QUELLE QUANTITÉ DE PÂTES SERVIR		
Type de pâtes	**Hors-d'œuvre**	**Plat principal**
Pâtes sèches	55 à 75 g (2 à 2 ½ oz)	75 à 100 g (2 ½ à 3 ½ oz)
Pâtes fraîches	75 à 100 g (2 ½ à 3 ½ oz)	115 à 145 g (4 à 5 oz)
Pâtes farcies	145 à 170 g (5 à 6 oz)	170 à 200 g (6 à 7 oz)

CUIRE LES PÂTES

Cuire les pâtes dans l'eau dans une grande casserole profonde. En règle générale, on utilise 1 litre (4 tasses) d'eau pour 100 g (3 ½ oz) de pâtes. Porter l'eau à forte ébullition, y faire fondre du sel au goût – en Italie, on utilise 1 c. à soupe de sel par 100 g (3 ½ oz) de pâtes –, puis incorporer les pâtes. On peut ajouter de l'huile, si désiré. Quand l'eau bout de nouveau, commencer à calculer. Les pâtes sont cuites quand elles sont al dente. Retirer les pâtes de l'eau et les égoutter dans une passoire ou utiliser des pinces ou une fourchette. Les portions mentionnées dans cet ouvrage sont généreuses. Dans la plupart des cas, pour faire un repas complet, il suffit d'ajouter une salade verte ou une salade de légumes et du pain croûté ou des petits pains.

Pâte de base aux œufs

185 g (1 1/2 tasse) de farine tout usage

1 œuf

1 c. à café (1 c. à thé) de sel

1 c. à soupe d'huile de carthame

1. Bien mélanger la farine et le sel dans un bol.

2. Si l'on utilise un robot de cuisine, y passer tous les ingrédients pendant 30 sec. Lorsque le mélange forme une boule tout de suite et est humide au toucher, il faut ajouter 1 c. à soupe de farine à la fois jusqu'à ce que la pâte soit tendre et qu'elle ne colle plus.

Note : Quand le mélange est trop sec, on doit ajouter 1 c. à café (1 c. à thé) d'eau à la fois jusqu'à ce que la pâte forme une boule.

3. Si l'on utilise une machine pour faire les pâtes, la pâte peut être pétrie et abaissée. Si l'on n'utilise pas de machine, il est préférable d'envelopper la pâte de pellicule plastique, puis de la laisser reposer de 15 à 30 min avant de l'abaisser.

Techniques pour préparer les pâtes

COMMENT BIEN DOSER LA FARINE ET LE LIQUIDE DANS LA PÂTE

L'humidité de la pâte varie selon un grand nombre de facteurs, incluant le type de blé utilisé, l'âge de la farine, l'humidité de cette dernière et le degré d'humidité contenu dans l'air. À cause de tout cela, même si on utilise tous les ingrédients dans les bonnes proportions, il faut ajuster les quantités de farine et de liquide si la pâte semble trop collante ou trop sèche au toucher. Il faut aussi se souvenir que la pâte qui sert à confectionner les pâtes à farcir devra être plus humide que celle qui servira à faire des pâtes plates ou cylindriques. Ajouter de la farine et de l'eau – pas plus de ½ c. à café (½ c. à thé) d'eau ou 1 c. à soupe de farine à la fois, au besoin – jusqu'à ce que la pâte ait la consistance requise pour être abaissée, coupée et façonnée.

CRÉER SES PROPRES PÂTES

On peut utiliser la Pâte de base aux œufs (voir p. 11) et y ajouter différents ingrédients pour créer ses propres pâtes aux couleurs et aux saveurs toutes plus intéressantes les unes que les autres. Il s'agit alors de faire ses propres expériences. La seule règle à respecter : la couleur et la saveur des pâtes que l'on crée doivent compléter la sauce avec laquelle on désire les servir.

• Purée de légumes : betterave cuite, poivrons rouges, verts ou jaunes, rôtis, et citrouille cuite ;
• Purée d'ail ;
• Épices et assaisonnements : poivre noir, cayenne, cannelle, chili en poudre, cari, muscade et safran ;
• Olives noires fraîches ou séchées, finement hachées ;
• Piments forts frais ou en conserve, finement hachés.

Selon les ingrédients que l'on ajoute, il faudra ajuster les quantités de liquide et de farine pour obtenir une pâte de la bonne consistance.

POUR FAIRE LES PÂTES À LA MAIN

Il n'est pas nécessaire d'avoir une machine pour faire les pâtes. Si l'on a un bol, une fourchette et un rouleau à pâtisserie, on peut obtenir des pâtes de très grande qualité en 10 min.

1. Mélanger un peu de sel à de la farine et former un cercle sur un plan de travail propre. Déposer un œuf battu au centre. À l'aide d'une fourchette ou de ses doigts, incorporer la farine à l'œuf pour obtenir une pâte ferme. Sur une surface enfarinée, pétrir la pâte de 5 à 8 min jusqu'à ce qu'elle soit lisse et qu'elle se tienne bien. Couvrir d'un linge humide et laisser reposer pendant 15 min.

2. Fariner légèrement le plan de travail. Utiliser un tiers de la pâte à la fois. En commençant par le centre et en allant vers les bords, abaisser la pâte en donnant le moins de coups possible. Si la pâte devient trop élastique, la couvrir d'un linge humide et laisser reposer pendant quelques minutes pour l'empêcher de sécher. Abaisser jusqu'à une épaisseur de 0,3 à 0,4 cm (⅛ à ⅙ po).

3. Fariner la pâte légèrement, puis l'abaisser comme si l'on voulait faire un gâteau roulé. Pour faire des pâtes plates (linguines, fettucines ou lasagne), couper la pâte à la main à l'épaisseur désirée. Faire sécher les pâtes de 10 à 15 min sur une tôle à biscuits avant de les faire cuire.

POUR FAIRE
DES TORTELLINIS

Les tortellinis peuvent être préparés avec toute une variété de farces.

On peut les faire quelques heures à l'avance, puis les étendre sur des tôles à biscuits légèrement enfarinées. S'assurer qu'ils ne se touchent pas. Couvrir et mettre au réfrigérateur ou congeler avant de les cuire. Suivre le même mode d'emploi pour les congeler que dans le cas des raviolis (voir p. 15).

1. La pâte doit être assez mince. Couper des cercles de pâte de 5 cm (2 po). Mettre une petite cuillerée de farce au milieu de chaque cercle. Badigeonner légèrement les bords d'eau.

2. Replier chacun des cercles en deux pour emprisonner la farce. Presser les bords pour bien sceller le tout.

3. Le côté scellé vers l'extérieur, placer le cercle sur l'index. Ramener les deux extrémités ensemble sous le doigt, en tournant pour sceller le bord extérieur et former un revers. Pincer fermement les extrémités ensemble, puis laisser sécher quelques minutes sur une surface enfarinée.

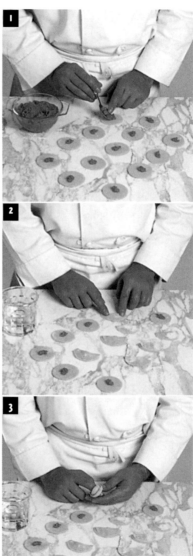

POUR FAIRE
DES RAVIOLIS

On peut préparer des raviolis
avec une grande variété de
pâtes et de farces.

Utiliser la Pâte de base aux œufs
(voir p. 11) ou sa recette de
pâte préférée. La saveur et la
couleur de la pâte et de la farce
doivent se compléter.

La pâte doit être abaissée assez
mince. L'utilisation d'un moule
pour préparer les raviolis peut
simplifier l'opération, mais ce
n'est pas une chose essentielle.
Les raviolis peuvent être faits
quelques heures avant de les
servir, puis étendus sur des tôles
à biscuits légèrement enfarinées.
Il faut cependant s'assurer qu'ils
ne se touchent pas. Les couvrir,
puis les mettre au réfrigérateur
ou au congélateur. Dans des
sacs de plastique à fermeture
hermétique, ils se conservent au
congélateur pendant 3 mois.
Une fois cuits, les raviolis peuvent

être ajoutés au bouillon ou à sa
sauce préférée.

MÉTHODE POUR FAIRE
DES RAVIOLIS

1. Abaisser la pâte en feuilles
minces. Déposer un peu de
farce, environ ¾ c. à café (¾ c.
à thé) à la fois, à intervalles
réguliers, sur la pâte. Entre
les petits monticules de farce,
badigeonner légèrement
d'eau froide.

2. Déposer une autre feuille de
pâte sur la première et, à l'aide
des doigts, presser les feuilles
ensemble entre les monticules
de farce. Couper les raviolis
avec un coupe-pizza ou une
roulette à pâtisserie. Utiliser une
fourchette pour pincer et sceller
les bords.

Poissons et fruits de mer

COMMENT ACHETER ET CONSERVER LE POISSON

Lorsque vous achetez du poisson pour votre famille, assurez-vous qu'il est bien frais. Si vous avez l'intention de le faire congeler, n'achetez pas un produit qui a déjà été congelé. Voici quelques points à considérer pour vous assurer de la fraîcheur du poisson:

• il ne doit en aucun cas avoir une odeur désagréable, mais plutôt une douce odeur du bord de la mer;

• la chair doit être ferme, la peau doit être tendre et glissante et ne montrer aucune tache jaunâtre;

• les poissons entiers doivent avoir les yeux brillants et, si les ouïes sont là, elles doivent être d'un beau rouge vif.

Si vous craignez que vos enfants n'avalent les arêtes, choisissez des coupes qui ne contiennent pas d'arêtes. Essayez le merlan sans arêtes, l'espadon, le thon, la perche de mer, le saint-pierre,

des morceaux de truite et le saumon. Vous verrez aussi que plusieurs poissonniers proposent maintenant des filets de saumon et de truite sans arêtes.

Si le poisson est dans un sac de plastique, retirez-le du sac et placez-le aussitôt que possible dans un contenant de verre ou d'acier inoxydable. Couvrez-le légèrement et rangez-le dans la partie la plus froide du réfrigérateur.

Mangez-le le plus tôt possible et, si vous ne pouvez le servir le jour suivant, mettez-le dans un récipient rempli de glace.

Si vous le faites congeler, emballez les filets individuellement pour pouvoir les séparer facilement. Décongelez-les toujours dans le réfrigérateur ou au micro-ondes, ou cuisez-les quand ils sont encore congelés. Ne faites jamais décongeler le poisson à température de la pièce et ne recongelez jamais un poisson décongelé.

COMMENT OUVRIR LES COQUILLAGES

Tous les mollusques bivalves, qu'il s'agisse des huîtres, des palourdes ou des moules, doivent être bien fermés quand vous les achetez.

Si vous souhaitez mettre les coquilles dans le plat que vous préparez, il est préférable de les brosser sous l'eau froide avec une brosse rigide.

LES HUÎTRES

Les huîtres sont faciles à ouvrir quand on connaît la bonne technique. La meilleure façon de procéder est de porter un gant de jardinage ou d'utiliser un torchon. Cela protège la main qui tient l'huître de la coquille plutôt rugueuse. Prenez le couteau à huître dans l'autre main.

Tenez l'huître et insérez le bout du couteau à huître dans la charnière (ill. 1). Pour ouvrir, faites pivoter le couteau. N'ouvrez pas l'huître en tentant d'insérer la lame de l'autre côté de la coquille.

Faites glisser le couteau à l'intérieur de l'écaille supérieure afin de couper le muscle qui y est rattaché. Pour servir, jetez l'écaille supérieure, coupez le muscle qui retient l'huître à l'écaille inférieure, puis remettez l'huître dans l'écaille (ill. 2).

LES PALOURDES

Pour ouvrir les palourdes, il est préférable d'utiliser un couteau à palourdes peu tranchant pour éviter de couper la chair. Essayez de congeler les mollusques environ 30 min avant de les ouvrir, cela permettra au muscle de se détendre, et les palourdes s'ouvriront plus facilement.

Insérez la lame du couteau entre les deux valves de la coquille. Poussez doucement le couteau en direction de la charnière jusqu'à ce que la coquille s'ouvre (ill. 3). Insérez la lame à l'intérieur d'une des valves pour couper le muscle qui y est attaché, puis refaites la même opération de l'autre côté pour déloger la chair (ill. 4).

LES MOULES

Les fils qui dépassent de la coquille des moules se nomment byssus ou, plus communément, la barbe. Comme les moules meurent rapidement une fois que la barbe a été enlevée, il vaut mieux les préparer immédiatement. Pour les ouvrir, utilisez la même technique que pour les palourdes (ill. 5).

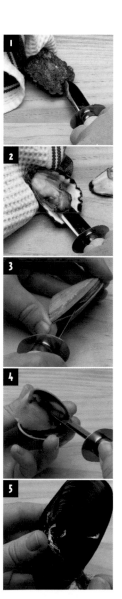

LES CREVETTES

La plupart des gens préfèrent enlever la tête et la carapace des crevettes avant de les manger. Toutefois, selon la méthode de cuisson utilisée, tout le corps de la crevette peut se manger.

Pour décortiquer les crevettes, brisez la tête, puis placez un doigt à l'intérieur, entre les pattes, et faire rouler la crevette. La carapace s'enlèvera (ill. 6). Pressez ensuite la queue et le reste de la carapace s'enlèvera.

Faites une incision au milieu de la partie externe et vous verrez l'intestin (veine noire) (ill. 7). Enlevez-le, puis passez la crevette sous l'eau froide. Il n'est pas nécessaire d'enlever l'intestin des petites crevettes. Mais celui des grosses crevettes contient parfois des coquillages ou du sable, et cela pourrait altérer le goût de vos plats.

LES CALMARS

On peut pocher les calmars, les faire sauter, les faire frire, les farcir, les cuire au four ou les faire griller. Il ne faut pas trop cuire les calmars, car ils durciraient. Rincez-les à l'eau froide, puis coupez les tentacules juste au-dessus des yeux. Pressez la partie la plus épaisse au milieu des tentacules, cela permettra à la partie dure de sortir. Jetez-la (ill. 8).

Pour enlever les entrailles, pressez sur le corps avec les doigts en allant de la partie fermée vers la partie ouverte. Retirez le cartilage et jetez-le (ill. 9).

Glissez un doigt sous la peau, puis retirez-la. Retirez aussi les nageoires comestibles des deux côtés et retirez-leur la peau (ill. 10).

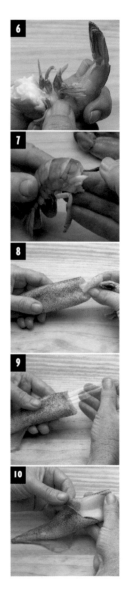

HORS-D'ŒUVRE, SOUPES ET SALADES

Salade de truite caramélisée à l'asiatique

- 2 c. à soupe d'huile d'olive
- 10 oignons verts ou oignons nouveaux, hachés
- 210 g (1 tasse) de sucre de palme
- 100 ml (3 ½ oz) de sauce nam pla (sauce de poisson)
- 85 g (½ tasse) de gingembre frais, en julienne
- 10 petits piments coupés en deux, épépinés et en julienne
- 2 c. à soupe de jus de lime
- 200 g (7 oz) de vermicelles de haricot vert
- 1 bouquet de feuilles de coriandre fraîche, hachées
- 500 g (17 oz) de filets de truite coupés en lanières de 3 cm (1 ½ po) d'épaisseur
- Quantité supplémentaire de piments et de feuilles de coriandre pour la garniture

• Chauffer l'huile d'olive et y faire sauter les oignons jusqu'à ce qu'ils soient dorés. Ajouter le sucre et chauffer jusqu'à ce qu'il soit dissous. À feu moyen, cuire en brassant environ 5 min, jusqu'à ce que le mélange soit caramélisé. Ajouter la sauce de poisson, le gingembre, les piments et le jus de lime, puis brasser jusqu'à ce que le tout soit bien mêlé. Garder au chaud.

• Faire tremper les nouilles dans l'eau bouillante environ 10 min, jusqu'à ce qu'elles soient ramollies, puis les rafraîchir à l'eau froide. Les égoutter, puis ajouter les feuilles de coriandre et juste assez de sauce au sucre de palme pour humecter les nouilles.

• Entre-temps, faire griller les filets de poisson jusqu'à ce qu'ils soient tout juste cuits.

• Déposer les nouilles sur des assiettes individuelles, puis disposer joliment les morceaux de poisson sur les nouilles. Garnir de piments et de feuilles de coriandre, puis verser de la sauce sur le tout.

NOTES : Vous pouvez vous procurer de la sauce de poisson dans les marchés asiatiques et les épiceries.

Si vous désirez un plat plus relevé, coupez les piments en deux sans les épépiner.

Coquilles, sauce aux huîtres et aux épinards

4 portions

• Cuire les pâtes selon le mode d'emploi indiqué sur l'emballage. Entre-temps, chauffer l'huile dans un poêlon antiadhésif et y faire sauter l'ail en portant attention, car il ne doit pas brûler. Ajouter les huîtres, puis verser le vin. Porter à ébullition. Ajouter le jus de palourde et le lait écrémé, porter de nouveau à ébullition et cuire 3 min de plus. Ajouter les épinards au poêlon et cuire jusqu'à ce qu'ils ne soient plus croquants.

• Lorsque les pâtes sont cuites, les égoutter et les mêler aux huîtres et aux épinards. Ajouter le basilic, le persil ainsi que du sel et du poivre au goût. Servir immédiatement.

PRÉPARATION

INGRÉDIENTS

- 225 g (8 oz) de coquilles moyennes, de coudes ou de pâtes moyennes, de toute autre forme, crues
- 1 c. à soupe d'huile d'olive ou d'huile végétale
- 3 gousses d'ail hachées
- 12 huîtres fraîches, écaillées ou en vrac (conserver leur jus)
- 55 ml (2 oz) de vin blanc
- 115 ml (4 oz) de jus de palourde
- 55 ml (2 oz) de lait écrémé concentré
- 225 g (8 oz) d'épinards frais, lavés, les tiges dures enlevées
- 6 feuilles de basilic hachées
- 30 g (½ tasse) de persil haché
- Sel et poivre noir, au goût

Pâtes aux crevettes et aux fruits

4 portions

- 510 g (18 oz) de coquilles moyennes,
  de mostaccioli, de penne ou
  de toute autre forme de pâtes, crues
- 340 g (12 oz) de crevettes moyennes
  cuites, décortiquées
- 455 g (16 oz) de pois chiches en conserve
  égouttés
- 570 g (20 oz) de morceaux d'ananas
  en conserve dans leur jus, égouttés,
  réserver 2 c. à soupe de jus
- 2 grosses mangues ou pêches mûres,
  pelées et en dés
- 1 bouquet de ciboule ou d'échalote,
  en tranches
- 2 c. à soupe de coriandre fraîche, hachée
- 2 c. à soupe de jus de lime frais
- Sel et poivre au goût

• Cuire les pâtes selon le mode d'emploi indiqué sur l'emballage. Entre-temps, dans un grand bol, mélanger tous les autres ingrédients, incluant le jus d'ananas réservé. Quand les pâtes sont cuites, les égoutter, puis les rincer à l'eau froide. Les rincer encore une fois.

• Mêler les pâtes aux autres ingrédients, rectifier l'assaisonnement et servir immédiatement.

NOTE : Si vous ne servez pas les pâtes immédiatement, attendez avant d'y mettre les fruits. Les ajouter aux pâtes juste avant de servir.

Rouleaux vietnamiens, sauce aux arachides

4 portions

- Faire tremper les nouilles dans un bol rempli d'eau bouillante et couvrir. Laisser reposer ainsi de 5 à 10 min (jusqu'à ce qu'elles soient tendres), puis les égoutter immédiatement et les rincer à l'eau froide pour interrompre la cuisson. À l'aide de ciseaux, couper les nouilles à la longueur désirée, puis les mêler au vinaigre, à la sauce de poisson, aux arachides et aux crevettes.

- Mélanger le basilic, la menthe et la cardamome, puis réserver. Couper les feuilles de chou en lanières et mettre les petits oignons en julienne. Dans un grand bol, bien mélanger les herbes, le chou, les petits oignons, le mélange de nouilles et la carotte.

- Tremper une galette à la fois dans l'eau chaude pendant 30 sec, puis la déposer sur une surface plane. Y déposer un peu du mélange de légumes et de nouilles. Rouler la pâte serré en repliant les coins à l'intérieur pour bien emprisonner la farce. Répéter l'opération jusqu'à ce qu'il ne reste plus d'ingrédients.

- Pour faire la sauce aux arachides, faire chauffer l'huile et y faire sauter l'ail et le piment jusqu'à ce qu'ils soient ramollis, soit environ 2 min. Ajouter ensuite le reste des ingrédients et bien brasser le tout. Porter à ébullition et laisser mijoter environ 3 min, jusqu'à ce que le mélange ait légèrement épaissi.

- Pour servir, couper chaque rouleau en diagonale, puis déposer l'une des moitiés sur l'autre (voir photo). Servir la sauce à part dans un petit contenant pour que les invités puissent y tremper les rouleaux.

NOTE : Les rouleaux frits sont tout aussi savoureux. Alors, vous préférerez peut-être servir la moitié des rouleaux tels quels et l'autre moitié, frits.

INGRÉDIENTS

GARNITURE

- 55 g (2 oz) de vermicelles de haricot vert (vendus en paquet)
- 3 c. à soupe de vinaigre de riz
- 1 c. à soupe de sauce nam pla (sauce de poisson)
- 4 c. à soupe d'arachides rôties, broyées
- 12 grosses crevettes cuites finement coupées
- 20 feuilles de basilic finement coupées
- 10 feuilles de menthe finement coupées
- ¼ bouquet de coriandre fraîche finement coupé
- 4 feuilles de bok choy (chou chinois)
- 2 feuilles de chou finement coupées
- 5 ciboules ou échalotes
- 1 carotte moyenne, finement râpée
- 12 à 16 galettes pour rouleaux de printemps de 20 cm (8 po)

SAUCE

- 2 c. à soupe d'huile d'arachide
- 5 gousses d'ail émincées
- ½ petit piment rouge, haché
- 5 c. à soupe de beurre d'arachide
- 1 ½ c. à soupe de concentré de tomate
- 3 c. à soupe de sauce Hoisin
- 1 c. à café (1 c. à thé) de sucre
- 1 c. à café (1 c. à thé) de sauce nam pla (sauce de poisson)
- 180 ml (³/₄ tasse) d'eau
- 40 g (¼ tasse) d'arachides broyées

Salade de pâtes au thon

4 portions

• Défaire le thon en petits morceaux, puis réserver. Cuire les pâtes, les égoutter, puis les rincer à l'eau froide. Bien mélanger tous les ingrédients de la vinaigrette. Mêler les pâtes, le poivron, les haricots, les oignons, le thon et la vinaigrette. Laisser la salade au réfrigérateur toute une nuit, si possible, pour permettre aux saveurs de bien se marier. Servir froid.

- 340 g (12 oz) de darnes de thon frais, cuites
- 455 g (16 oz) de rotinis ou d'un autre type de pâtes en spirale non cuites
- 155 g (1 tasse) de poivron rouge haché
- 155 g (1 tasse) de haricots verts, blanchis, en julienne
- 160 g (²/₃ tasse) d'oignons espagnols tranchés finement

VINAIGRETTE

- 3 c. à soupe d'huile d'olive ou d'huile végétale
- 4 c. à soupe de moutarde de Dijon
- 6 c. à soupe de vinaigre de vin de riz
- Le zeste râpé de 3 limes, finement haché
- 6 brins de persil frais, haché
- 2 c. à soupe de sauce soya pauvre en sel
- 3 gousses d'ail émincées
- 1 c. à café (1 c. à thé) de piment séché, en flocons

Salade d'avocat et de saumon

4 portions pour un repas léger

- 370 g (13 oz) de farfalles ou petites boucles
- 1 gros avocat dénoyauté, pelé et grossièrement haché
- 1 c. à café (1 c. à thé) de zeste d'orange finement râpé
- 2 c. à soupe de jus d'orange fraîchement pressée
- Poivre noir fraîchement moulu
- 4 tranches de saumon fumé
- 4 brins d'aneth frais
- 1 orange en quartiers

• Dans une grande casserole, cuire les pâtes dans l'eau bouillante selon le mode d'emploi indiqué sur l'emballage. Les égoutter, les rincer à l'eau froide, les rincer encore, puis les mettre de côté pour les faire refroidir complètement.

• Passer l'avocat, le zeste et le jus d'orange ainsi que du poivre, au goût, au robot culinaire ou au mélangeur jusqu'à ce que le tout soit crémeux.

• Déposer les pâtes dans un bol, couronner du mélange d'avocat et bien mêler. Rouler les tranches de saumon en forme de cornet, puis mettre un brin d'aneth au centre. Répartir la salade dans quatre assiettes de service, garnir du saumon fumé et des quartiers d'orange.

Soupe épicée aux crevettes et aux nouilles

4 portions

- 455 g (1 lb) de crevettes moyennes, fraîches ou surgelées, avec leurs carapaces
- 1 c. à soupe de jus de citron
- ¼ c. à café (¼ c. à thé) de chili en poudre
- ¼ c. à café (¼ c. à thé) de cumin moulu
- ⅛ c. à café (⅛ c. à thé) de poivre
- 750 ml (3 tasses) d'eau
- 85 g (3 oz) de nouilles ramen instantanées à l'orientale ou à saveur de crevettes (vendues en paquets)
- 455 g (16 oz) de salsa déjà préparée
- 455 g (16 oz) de haricots noirs, en conserve, rincés et égouttés
- 225 g (8 oz) de maïs en grains en conserve, sans ajout de sel, égoutté
- 40 g (¼ tasse) de coriandre fraîche en petits morceaux
- 1 ciboule ou échalote hachée finement
- Cheddar râpé (facultatif)
- Coriandre fraîche (facultatif)

• Faire décongeler les crevettes au besoin, puis les décortiquer et en retirer les intestins (veine noire). Dans un bol, mélanger le jus de citron, le chili en poudre, le cumin et le poivre, puis ajouter les crevettes. Bien mélanger pour enrober les crevettes. Laisser reposer les crevettes environ 20 min à température de la pièce, en brassant de temps en temps.

• Entre-temps, porter de l'eau à ébullition dans une grande casserole, incorporer le sachet de mélange de soupe inclus avec les nouilles, puis les nouilles. Porter de nouveau à ébullition et cuire pendant 1 min. Ajouter les crevettes et cuire encore de 1 à 2 min jusqu'à ce que les crevettes soient roses. Incorporer la salsa, les haricots noirs, le maïs, la coriandre et les petits oignons. Bien réchauffer le tout. Pour servir, garnir chaque portion de fromage et de coriandre, si désiré.

Soupe aux fruits de mer

4 portions

- 1,5 litre (6 tasses) de bouillon de poulet
- 510 g (18 oz), au total, de filet de poisson, de crevettes et de pétoncles
- 6 champignons shiitake frais en tranches
- 3 petits bok choy (chou chinois) coupés en tranches de 2,5 cm (1 po)
- 6 c. à soupe de fécule de maïs
- 420 ml (1 ⅔ tasse) d'eau
- 2 c. à café (2 c. à thé) d'huile de sésame
- 145 g (5 oz) de nouilles séchées à la chinoise
- Feuilles de coriandre

• Dans une casserole, porter le bouillon à ébullition. Ajouter le poisson, les crevettes et les pétoncles. Porter de nouveau à ébullition. Réduire à feu doux, couvrir et cuire environ 10 min. Ajouter les champignons et le bok choy, puis laisser mijoter quelques minutes de plus.

• Mêler la fécule de maïs et l'eau jusqu'à ce que le mélange soit homogène. Incorporer ce mélange au bouillon bouillant. Réduire à feu doux et cuire, en remuant à l'occasion, environ 2 min, jusqu'à ce que le bouillon soit clair, mais qu'il ait épaissi. Incorporer l'huile de sésame.

• Dans une grande casserole, cuire les nouilles dans l'eau bouillante de 5 à 6 min. Les égoutter, puis les répartir entre quatre assiettes de service. Verser la soupe sur les nouilles. Garnir de quelques feuilles de coriandre.

Croquettes de saumon et de maïs en crème

8 portions

• Cuire les pommes de terre dans une grande casserole d'eau bouillante jusqu'à ce qu'elles soient tendres. Les égoutter, les remettre dans la casserole et cuire à feu doux jusqu'à ce qu'elles soient sèches. Retirer du feu, puis en faire une purée onctueuse.

• Mettre les vermicelles de riz dans un grand bol, les couvrir d'eau bouillante et les laisser reposer 10 min ou jusqu'à ce qu'ils soient ramollis. Bien les égoutter, puis les couper en petits morceaux avec des ciseaux de cuisine.

• Mettre les pommes de terre, les vermicelles, le saumon, les blancs d'œufs, le maïs, les petits oignons, le poivron, la chapelure, l'aneth et le jus de citron dans un bol et bien mélanger.

• Répartir le mélange en huit, puis former une croquette avec chaque portion. Les déposer sur une plaque à pâtisserie recouverte de papier sulfurisé, puis placer au réfrigérateur pendant 30 min ou jusqu'à ce que les croquettes soient fermes. Préchauffer le four à 200 °C (400 °F).

• Vaporiser légèrement une poêle à frire antiadhésive d'huile et chauffer à feu moyen jusqu'à ce qu'elle soit très chaude. Cuire quelques croquettes à la fois jusqu'à ce qu'elles soient dorées des deux côtés, puis les mettre au four et cuire encore de 10 à 15 minutes ou jusqu'à ce qu'elles soient bien cuites à l'intérieur.

INGRÉDIENTS

- 3 pommes de terre moyennes, pelées et hachées
- 115 g (4 oz) de vermicelles de riz séchés
- 425 g (15 oz) de saumon rouge (sockeye) en conserve, sans ajout de sel
- 2 blancs d'œufs légèrement battus
- 140 g (5 oz) de maïs en crème en conserve
- 4 ciboules ou échalotes en tranches
- 1 poivron rouge finement haché
- 110 g (2 tasses) de chapelure fraîche
- 2 c. à soupe d'aneth frais, haché
- 1 à 2 c. à soupe de jus de citron
- Huile d'olive ou huile de cuisson à vaporiser

Salade de crevettes et de pâtes, vinaigrette aux câpres

4 portions en plat principal

INGRÉDIENTS

- 110 g (1 tasse) de macaronis moyens, séchés
- 340 g (12 oz) de crevettes fraîches ou surgelées, décortiquées, les veines enlevées
- 1 gros poivron rouge ou vert coupé en carrés de 2,5 cm (1 po)
- 2 ciboules ou échalotes, en tranches
- 3 c. à soupe de vinaigre de vin blanc ou de vinaigre blanc
- 2 c. à soupe d'huile d'olive ou d'huile à salade
- 2 c. à soupe de câpres égouttées
- 2 c. à café (2 c. à thé) d'aneth frais en petits morceaux ou ¹/₂ c. à café (¹/₂ c. à thé) d'aneth séché
- 1 gousse d'ail émincée
- ¹/₄ c. à café (¹/₄ c. à thé) de sel
- ¹/₄ c. à café (¹/₄ c. à thé) de poivre
- 155 g (1 tasse) de pois mange-tout
- Feuilles d'épinard ou de laitue (facultatif)

PRÉPARATION

• Cuire les pâtes selon le mode d'emploi indiqué sur l'emballage. Les égoutter, puis les rincer à l'eau froide. Les rincer encore une fois.

• Entre-temps, cuire les crevettes dans l'eau bouillante de 1 à 3 min, sans couvercle, ou jusqu'à ce qu'elles soient opaques, en les remuant de temps en temps. Égoutter les crevettes, puis les rincer à l'eau froide. Les égoutter encore une fois.

• Dans un grand bol, mettre les pâtes, les crevettes, le poivron et les petits oignons. Bien mélanger le tout.

• Pour faire la vinaigrette, mettre le vinaigre, l'huile, les câpres, l'aneth, l'ail, le sel et le poivre dans un contenant dont le couvercle visse. Couvrir et bien agiter le contenant. Verser la vinaigrette sur le mélange de pâtes. Remuer doucement pour enduire les pâtes de vinaigrette. Couvrir et réfrigérer de 3 à 24 h.

• Juste avant de servir, couper les pois mange-tout en deux, en diagonale. Incorporer les pois au mélange de pâtes. Servir sur des épinards ou sur des assiettes tapissées de laitue, si désiré.

Salade de thon et de pâtes, vinaigrette aux tomates

4 portions

• Cuire les pâtes selon le mode d'emploi indiqué sur l'emballage, jusqu'à ce qu'elles soient al dente. Les égoutter, les refroidir à l'eau froide, puis bien les égoutter encore une fois. Les déposer dans une assiette de service.

• Pour faire la vinaigrette, bien mélanger le concentré de tomate, l'huile d'olive, le vinaigre, le sucre, le basilic et le poivre dans un bol. Verser la vinaigrette sur les pâtes, puis bien mêler.

• Ajouter les petits oignons, le poivron, les pois, le maïs et le thon aux pâtes, puis mélanger un peu. Garnir de lanières de ciboule ou d'échalote.

INGRÉDIENTS

• 225 g (8 oz) de pâtes de blé entier en spirale ou d'une autre forme, séchées
• 4 ciboules ou échalotes, en tranches plus de minces lanières pour garnir
• 1 poivron jaune épépiné et en dés
• 115 g (4 oz) de pois sugar snap ou mange-tout hachés
• 200 g (7 oz) de maïs en conserve, égoutté
• 185 g (6 ½ oz) de thon en conserve, dans l'eau, égoutté, en flocons

VINAIGRETTE

• 5 c. à soupe de concentré de tomate
• 1 c. à soupe d'huile d'olive extra-vierge
• 2 c. à café (2 c. à thé) de vinaigre balsamique
• Une pincée de sucre en poudre
• 2 c. à soupe de basilic frais, haché
• Poivre noir

Tomates farcies au saumon et au macaroni

4 portions

• Cuire les pâtes selon le mode d'emploi indiqué sur l'emballage, sans ajouter d'huile ni de sel. Les égoutter et réserver. Dans un grand bol, mélanger le yogourt, le concombre ou la courgette, les carottes, la sauce à salade, l'aneth, le sel et le poivre. Ajouter les pâtes cuites et le saumon, puis remuer pour bien enduire les pâtes du mélange. Couvrir et placer au réfrigérateur de 4 à 24 h.

• Entre-temps, pour faire des tomates en étoile, enlever 1 cm (½ po) du cœur de chaque tomate. Placer les tomates à l'envers. Couper chaque tomate de haut en bas, sans couper complètement jusqu'en bas pour obtenir six quartiers.

• Au moment de servir, mettre les tomates dans des assiettes. Disposer les quartiers en laissant un tout petit espace entre chacun, puis les farcir du mélange de saumon.

INGRÉDIENTS

- 110 g (1 tasse) de macaronis en tire-bouchon quatre couleurs, séchés
- 125 ml (½ tasse) de yogourt nature faible en gras
- 55 g (½ tasse) de concombre ou de courgette en lanières
- 25 g (¼ tasse) de carotte râpée
- 2 c. à soupe de sauce à salade légère
- ½ c. à café (½ c. à thé) d'aneth frais en petits morceaux ou ¼ c. à café (¼ c. à thé) d'aneth séché
- ¼ c. à café (¼ c. à thé) de sel
- ⅛ c. à café (⅛ c. à thé) de poivre
- 1 saumon égoutté, émietté, sans peau et sans arêtes
- 200 g (7 oz) de tomates moyennes en conserve

Salade de thon et d'anchois

4 portions pour un repas léger

INGRÉDIENTS

- 225 g (9 oz) de pâtes de blé entier, en spirale
- 6 filets d'anchois en conserve, égouttés
- 12 olives noires
- 200 g (7 oz) de thon en conserve, égoutté
- 1 c. à soupe de persil frais, haché
- 1 c. à soupe de ciboulette fraîche en petits morceaux
- 1 œuf dur, coupé en morceaux

VINAIGRETTE À LA MOUTARDE

- 1 c. à café (1 c. à thé) de moutarde de Dijon
- 1 gousse d'ail broyée
- 1 c. à soupe de vinaigre de vin blanc
- 60 ml (¼ tasse) d'huile d'olive
- Poivre noir fraîchement moulu

PRÉPARATION

• Cuire les pâtes dans l'eau bouillante selon le mode d'emploi indiqué sur l'emballage. Les égoutter, les rincer à l'eau froide, les égoutter encore une fois et les mettre de côté pour qu'elles refroidissent complètement.

• Couper les filets d'anchois en deux dans le sens de la longueur. Entourer chaque olive d'un filet d'anchois. Déposer les pâtes, les olives, le thon, le persil et la ciboulette dans un saladier.

• Pour faire la vinaigrette, mettre la moutarde, l'ail, le vinaigre, l'huile et du poivre noir, au goût, dans un contenant dont le couvercle visse. Couvrir et bien l'agiter. Verser la vinaigrette sur la salade et bien mélanger. Couronner le tout de morceaux d'œufs.

NOUILLES ET SAUTÉS

Sauté de calmars

4 portions

• Porter une grande casserole d'eau à ébullition, puis y faire bouillir les nouilles. Faire chauffer le wok à feu élevé. Ajouter l'ail et les calmars, puis brasser sans arrêt jusqu'à ce que l'ail devienne transparent, soit environ 2 min.

• Ajouter le reste des ingrédients, sauf le basilic, et continuer à brasser pendant que le mélange cuit. Quand les nouilles sont cuites, les verser dans une passoire pour les égoutter. Ajouter le basilic au mélange de calmar, brasser encore un peu, puis ajouter les nouilles. Bien brasser et servir.

INGRÉDIENTS

- 1 paquet de nouilles japonaises
- 8 gousses d'ail émincées
- 510 g (18 oz) de calmars en rondelles
- 80 ml (⅓ tasse) de sauce nam pla (sauce de poisson)
- 80 ml (⅓ tasse) de jus de lime fraîchement pressée
- 1 c. à café (1 c. à thé) de galanga*
- Cayenne fraîchement moulu au goût
- 255 g (9 oz) de haricots verts frais
- 1 petit oignon coupé en quartiers, puis tranché
- 45 g (1 tasse) de basilic frais

*Le galanga sert à assaisonner. Il se présente sous forme d'un rhizome qui ressemble à du gingembre frais. On le trouve dans les épiceries orientales.

Chow mein aux crevettes

INGRÉDIENTS

- 255 g (9 oz) de nouilles aux œufs séchées
- 1 kg (2 ¼ lb) de crevettes crues décortiquées, les veines enlevées et grossièrement hachées
- 2 c. à café (2 c. à thé) de xérès sec
- 1 c. à soupe de sauce soya
- 1 c. à soupe d'huile d'arachide
- 1 gousse d'ail broyée
- 55 g (2 oz) de pois mange-tout
- 2 tranches de bacon hachées
- ½ c. à café (½ c. à thé) de sucre
- 2 ciboules ou échalotes hachées
- 1 c. à café (1 c. à thé) d'huile de sésame

PRÉPARATION

- Dans une casserole, cuire les nouilles dans l'eau bouillante selon le mode d'emploi indiqué sur l'emballage. Les égoutter et les mettre dans l'eau froide jusqu'à l'utilisation.

- Déposer les crevettes dans un bol, puis y verser le xérès et 2 c. à café (2 c. à thé) de sauce soya. Bien mélanger. Couvrir et laisser mariner 15 min.

- Faire chauffer 2 c. à café (2 c. à thé) d'huile d'arachide dans un wok ou un grand poêlon, ajouter les crevettes et faire sauter 2 min ou jusqu'à ce que les crevettes changent de couleur. Retirer les crevettes du poêlon et réserver. Bien essuyer le fond du poêlon.

- Égoutter les nouilles, les placer sur du papier essuie-tout et les assécher. Chauffer le reste de l'huile d'arachide dans le poêlon, ajouter l'ail, les pois mange-tout et le bacon, puis faire sauter de 2 à 3 min ou jusqu'à ce que les pois aient tout juste changé de couleur et que le bacon soit cuit. Ajouter les nouilles, le sucre, les petits oignons et le reste de la sauce soya, puis faire sauter 2 min. Ajouter les crevettes et faire sauter 2 min de plus ou jusqu'à ce que le tout soit bien chaud. Incorporer l'huile de sésame et servir immédiatement.

Nouilles de riz sautées
4 portions

- Cuire les saucisses à la vapeur pendant 10 min, puis les couper en diagonale, en tranches minces. Mélanger les crevettes à ½ c. à café (½ c. à thé) de sel. Laisser reposer 10 min, bien rincer à l'eau froide, égoutter, puis assécher.

- Couper les calmars en rondelles de 0,5 cm (¼ po) d'épaisseur, couper aussi les tentacules. Couper le porc en tranches de 0,5 cm (¼ po) d'épaisseur. Dans un bol, mettre le poivre, les sauces soya foncée et légère ainsi que la sauce d'huîtres. Réserver.

- Juste avant la cuisson, déposer les nouilles dans un grand bol, puis y verser de l'eau bouillante. Brasser doucement avec des baguettes pour séparer les nouilles, égoutter et secouer pour enlever le surplus d'eau.

- Préchauffer un wok. Quand il est bien chaud, ajouter 2 c. à soupe d'huile. Ajouter le reste du sel, l'ail et les piments, puis cuire à feu moyen-élevé jusqu'à ce que l'ail soit doré.

- Porter le tout à feu élevé, puis ajouter les crevettes et les calmars en brassant. Faire sauter environ 2 min jusqu'à ce que les crevettes soient d'une belle couleur orangée et que les calmars soient d'un blanc opaque. Ajouter la saucisse, le porc, les germes de haricot et le chou. Brasser jusqu'à ce que les légumes ne soient plus tout à fait croquants. Mettre le contenu du wok dans un plat de service et réserver.

- Verser le reste de l'huile dans le wok. Quand l'huile est très chaude, y mettre les nouilles bien égouttées. Remuer et retourner doucement les nouilles pour bien les réchauffer, mais attention de ne pas les briser. On peut les faire brunir légèrement. Repousser les nouilles sur les côtés du wok en formant un puits au centre, puis y verser le mélange de sauce soya. Remuer ensuite les nouilles doucement pour y répartir la sauce également. Former de nouveau un puits et casser les œufs au centre. Sans mêler les œufs aux nouilles, battre les œufs pour qu'ils soient légèrement brouillés. Quand les œufs commencent à prendre, ajouter les petits oignons et le mélange de fruits de mer. Brasser le tout pour réchauffer et bien mélanger.

- Servir très chaud avec de la sauce chili piquante pour assaisonner au goût. Garnir de brins de coriandre.

INGRÉDIENTS

- 2 saucisses chinoises
- 255 g (9 oz) de crevettes moyennes décortiquées, les veines enlevées
- 1 c. à café (1 c. à thé) de sel
- 125 g (4 ½ oz) de calmars nettoyés avec les tentacules (voir p. 43)
- 125 g (4 ½ oz) de porc laqué
- ¼ c. à café (¼ c. à thé) de poivre blanc
- 1 ½ c. à soupe de sauce soya foncée
- 1 ½ c. à soupe de sauce soya légère
- 1 c. à soupe de sauce d'huîtres
- 1 kg (2 ¼ lb) de nouilles de riz fraîches en lanières de 2 cm (¾ po) de largeur
- 4 c. à soupe d'huile d'arachide
- 4 gousses d'ail hachées
- 6 piments rouges frais, épépinés et hachés
- 60 g (1 tasse) de germes de haricot
- 180 g (1 tasse) de chou chinois râpé
- 2 œufs
- 4 ciboules ou échalotes en tranches
- Brins de coriandre fraîche pour garnir

PETITS TRUCS POUR APPRÊTER LES CALMARS :

1. Rincez les calmars à l'eau froide, puis coupez les tentacules juste au-dessus des yeux. Pressez la partie la plus épaisse au milieu des tentacules, cela permettra à la partie dure de sortir. Jetez-la.

2. Pour enlever les entrailles, pressez sur le corps avec les doigts en allant de la partie fermée vers la partie ouverte. Retirez le cartilage et jetez-le.

3. Glissez un doigt sous la peau, puis retirez-la. Retirez aussi les nageoires comestibles des deux côtés et retirez-leur la peau.

Nouilles de riz et poisson aromatisés à la citronnelle

4 portions

• Dans un wok, faire chauffer les deux sortes d'huile à feu moyen, ajouter la citronnelle et faire sauter pendant 1 min. Ajouter le poisson, la coriandre et le jus de lime, puis faire sauter 1 min ou jusqu'à ce que le poisson soit doré. Retirer du wok et réserver.

• Ajouter au wok les asperges, le brocoli, les sauces chili et soya, puis faire sauter 2 min. Ajouter les nouilles et faire sauter doucement encore 2 min, puis remettre dans le wok le mélange contenant le poisson et cuire 1 min ou jusqu'à ce que le tout soit bien chaud. Servir immédiatement.

NOTE : Les nouilles de riz fraîches sont des nouilles légèrement cuites, tendres et humides, faites de riz doux gluant. On les trouve dans les comptoirs de produits réfrigérés des épiceries orientales, dans des sacs de plastique. Ces nouilles sont délicates. Il faut donc en surveiller la cuisson, car il est facile de les faire trop cuire.

INGRÉDIENTS

- 1 c. à café (1 c. à thé) d'huile de sésame
- 1 c. à café (1 c. à thé) d'huile végétale
- 1 tige de citronnelle fraîche, hachée ou ½ c. à café (½ c. à thé) de citronnelle séchée qui a trempé dans l'eau bouillante jusqu'à ce qu'elle soit ramollie
- 455 g (1 lb) de filets de truite ou de saumon, sans peau et sans arêtes, coupés en lanières de 2 cm (¾ po) d'épaisseur
- 2 c. à soupe de coriandre fraîche, hachée
- 2 c. à soupe de jus de lime
- 225 g (8 oz) d'asperges hachées
- 170 g (6 oz) de brocoli haché
- 3 c. à soupe de sauce chili
- 2 c. à soupe de sauce soya pauvre en sel
- 455 g (1 lb) de nouilles de riz fraîches

Nouilles à la nage

- 30 g (1 oz) de feuilles d'épinard
- ½ c. à café (½ c. à thé) de vin de riz
- ⅛ c. à café (⅛ c. à thé) de gingembre frais, haché
- ⅛ c. à café (⅛ c. à thé) de sel plus ½ c. à café (½ c. à thé) de sel
- 1 c. à café (1 c. à thé) de sauce soya
- 55 g (2 oz) de poitrine de poulet désossée
- 55 g (2 oz) de filet de poisson, sans la peau
- 55 g (2 oz) de crevettes décortiquées
- 750 g (26 oz) de nouilles de riz
- 1,5 litre (6 tasses) de bouillon de poulet

PRÉPARATION

• Blanchir les épinards rapidement à l'eau bouillante, les égoutter, puis réserver. Mélanger le vin de riz, le gingembre, le sel et la sauce soya pour en faire une marinade. Couper le poulet, le poisson et les crevettes aussi mince qu'une feuille de papier, puis les étendre sur une assiette de service et ajouter la marinade. Laisser reposer.

• Porter à ébullition une casserole remplie d'eau, puis y ajouter les nouilles. Porter de nouveau à ébullition et cuire, sans couvercle, jusqu'à ce que les nouilles soient tendres (environ 4 min pour des nouilles séchées et 2 min pour des fraîches). Les égoutter dans une passoire, puis y étendre les épinards.

• Dans une casserole, porter à ébullition le bouillon de poulet, puis y ajouter ½ c. à café (½ c. à thé) de sel. Faire bouillir à gros bouillons pendant 1 min. Verser le bouillon dans une soupière et le déposer sur la table avec l'assiette de poulet, de poisson et de crevettes ainsi qu'avec la passoire contenant les nouilles.

• Mettre poulet, poisson, crevettes et nouilles dans le bouillon bouillant. Le tout cuira en un clin d'œil. Brasser et servir dans des bols individuels.

NOUILLES ET SAUTÉS   45

INGRÉDIENTS

- 115 g (4 oz) de nouilles de riz épaisses
- 2 c. à café (2 c. à thé) d'huile d'arachide ou d'huile de macadamia
- Quelques gouttes d'huile de sésame (facultatif)
- 1 ciboule ou échalote hachée
- 1 c. à soupe de gingembre frais, finement haché
- 750 g (1 ⅓ lb) de crevettes moyennes crues, décortiquées, mais la queue intacte, de préférence
- 1 botte d'asperges hachées
- 75 g (½ tasse) de feuilles de coriandre légèrement tassées

SAUCE À L'ORIENTALE

- 60 ml (¼ tasse) de fumet de poisson ou de bouillon de légumes pauvre en sel
- 2 c. à café (2 c. à thé) de sauce Hoisin
- 1 c. à soupe de sauce soya légère
- 2 c. à soupe de vinaigre de riz ou de vinaigre de vin blanc

PRÉPARATION

• Déposer les nouilles dans un bol, puis y verser de l'eau bouillante pour les couvrir. Laisser tremper 10 min, puis les séparer à l'aide de baguettes ou d'une fourchette, si nécessaire. Égoutter et réserver.

• Pour faire la sauce, mettre le fumet ou le bouillon, la sauce Hoisin, la sauce soya et le vinaigre dans un petit bol. Bien mélanger et réserver.

• À feu moyen, chauffer les deux sortes d'huile dans un wok ou dans une poêle antiadhésive. Ajouter le petit oignon et le gingembre, puis faire sauter de 1 à 2 min. Ajouter ensuite les crevettes et les asperges, puis faire sauter de 2 à 3 min ou jusqu'à ce que les crevettes aient changé de couleur. Ajouter finalement les nouilles réservées, la sauce et la coriandre. Faire sauter de 2 à 3 min ou jusqu'à ce que le tout soit bien chaud. Servir immédiatement.

Nouilles à la thaïlandaise

4 portions

• Mettre les œufs, la sauce soya et la sauce chili dans un bol et bien mélanger. Réserver.

• Dans un wok, chauffer l'huile à feu moyen, ajouter les petits oignons, l'ail et la citronnelle, puis faire sauter pendant 2 min. Ajouter les nouilles, le brocoli, les haricots et le poivron, puis faire sauter encore pendant 3 min.

• Ajouter le basilic et bien mélanger. Verser le mélange contenant les œufs dans le wok et cuire, en brassant, pendant 1 min ou jusqu'à ce que les œufs commencent tout juste à prendre. Servir immédiatement.

INGRÉDIENTS

- 2 œufs légèrement battus
- 2 c. à soupe de sauce soya
- 2 c. à soupe de sauce chili
- 2 c. à café (2 c. à thé) d'huile de sésame
- 4 ciboules ou échalotes hachées
- 1 gousse d'ail broyée
- 1 tige de citronnelle fraîche, hachée ou ½ c. à café (½ c. à thé) de citronnelle séchée qui a trempé dans l'eau bouillante jusqu'à ce qu'elle soit ramollie
- 455 g (1 lb) de nouilles de riz fraîches
- 115 g (4 oz) de brocoli haché
- 115 g (4 oz) de haricots verts, équeutés et hachés
- 1 poivron rouge, haché
- 2 c. à soupe de basilic frais, haché

Nouilles frites sautées

4 portions

INGRÉDIENTS

- 310 g (11 oz) de nouilles chinoises (mie)
- 1 oignon
- 2 gousses d'ail
- 310 g (11 oz) de porc haché
- Huile
- 200 g (7 oz) de saucisses
- 115 g (4 oz) de germes de haricot
- 115 g (4 oz) de pois mange-tout
- 115 g (4 oz) d'endive
- 3 tiges de céleri hachées
- Ciboulette fraîche
- 1 c. à soupe de sauce soya
- 55 g (2 oz) de crevettes décortiquées, cuites
- 55 g (2 oz) de jambon
- 1 c. à café (1 c. à thé) de gingembre moulu
- Sel
- ¾ c. à café (¾ c. à thé) de poivre blanc
- 1 citron (facultatif)

PRÉPARATION

- Cuire les nouilles selon le mode d'emploi indiqué sur l'emballage. Couper l'oignon et l'ail en petits morceaux.

- Façonner le porc haché en petites boules, puis les frire dans l'huile avec les saucisses dans un wok ou une grande poêle à frire.

- Ajouter les nouilles cuites et faire sauter le tout.

- Ajouter ensuite tous les légumes, la ciboulette, la sauce soya, les crevettes, le jambon et le gingembre, du sel et du poivre au goût et faire sauter jusqu'à ce que le tout soit bien chaud.

- Déposer sur une assiette de service. Ajouter de la sauce soya au goût.

Sauté de fruits de mer

4 portions

PRÉPARATION

• Chauffer l'huile dans un wok. Ajouter l'ail, les piments et le gingembre. Faire sauter pendant 1 min. Ajouter les fruits de mer, le poivron, les pois mange-tout, les asperges et le basilic. Faire sauter jusqu'à ce que les fruits de mer soient tout juste cuits. Ajouter les nouilles et faire sauter de 1 à 2 min.

• Mélanger la fécule de maïs, la sauce Hoisin et l'eau, puis incorporer ce mélange au wok. Cuire en brassant jusqu'à ce que la sauce bout et épaississe. Parsemer de graines de sésame et de feuilles de basilic.

INGRÉDIENTS

• 2 c. à soupe d'huile de sésame
• 1 gousse d'ail broyée
• 2 petits piments rouges, hachés
• 1 c. à soupe de gingembre frais, râpé
• 1 kg (2 ¼ lb) d'un mélange de fruits de mer nettoyés
• ½ poivron rouge en tranches
• 55 g (2 oz) de pois mange-tout coupés en morceaux de 2,5 cm (1 po)
• 255 g (9 oz) de tiges d'asperge coupées en morceaux de 2,5 cm (1 po)
• 1 c. à soupe de basilic frais, haché plus quelques feuilles entières pour la garniture
• 370 g (13 oz) de nouilles aux œufs cuites
• 1 c. à soupe de fécule de maïs
• 60 ml (¼ tasse) de sauce Hoisin
• 250 ml (1 tasse) d'eau
• 2 c. à soupe de graines de sésame grillées

INGRÉDIENTS

- 570 g (1 1/4 lb) de filet de saumon frais ou surgelé, sans la peau, d'environ 2,5 cm (1 po) d'épaisseur
- 60 ml (1/4 tasse) d'huile d'olive
- 60 ml (1/4 tasse) de vinaigre balsamique
- 1 c. à soupe de poivre noir concassé
- 225 g (8 oz) de nouilles de blé entier
- 80 ml (1/3 tasse) de jus d'orange
- 2 oranges pelées, en quartiers et hachées
- 1 gousse d'ail émincée
- 40 g (1/4 tasse) d'oignon rouge haché et/ou de ciboule ou d'échalote en tranches
- 2 c. à café (2 c. à thé) de graines d'anis pilées
- Feuilles de fenouil frais (facultatif)

PRÉPARATION

• Décongeler le poisson, au besoin. Dans un plat allant au four de 2,25 litres (9 tasses), mettre 1 c. à soupe d'huile d'olive, 1 c. à soupe de vinaigre balsamique et le poivre. Déposer le poisson dans ce mélange et le retourner pour bien l'enduire des deux côtés. Laisser mariner à température de la pièce pendant 10 min.

• Vérifier l'épaisseur du poisson. Déposer le poisson sur le gril froid d'un barbecue. Faire griller à 10 cm (4 po) de la source de chaleur jusqu'à ce que le poisson se défasse bien à la fourchette – calculer de 4 à 6 min/1 cm (½ po) d'épaisseur de poisson. Retourner le poisson à la moitié du temps de cuisson.

• Entre-temps, dans une grande marmite, cuire les nouilles environ 4 min jusqu'à ce qu'elles soient al dente. Les égoutter et les mettre dans un grand bol. Ajouter le reste de l'huile d'olive, le reste du vinaigre balsamique, le jus d'orange, les oranges en quartiers, l'ail, l'oignon et l'anis. Mélanger pour bien enrober les nouilles. Répartir le mélange de nouilles dans quatre assiettes de service. Couronner chaque portion d'un morceau de saumon, puis garnir chacune d'entre elles de feuilles de fenouil frais, si désiré.

Nouilles au thon

4 portions

- Préchauffer le four à 175 °C (350 °F).

- Dans une grande casserole d'eau salée, faire bouillir les nouilles jusqu'à ce qu'elles soient al dente. Bien les égoutter.

- Dans une casserole moyenne, mélanger la farine, le beurre et le sel. Mélanger jusqu'à ce que le beurre soit fondu et que les ingrédients soient bien mêlés.

- Verser le lait et fouetter jusqu'à ce que la sauce épaississe (habituellement, quand la sauce commence à bouillir, elle est à la bonne consistance). Ajouter le fromage au mélange et battre jusqu'à ce que le fromage soit fondu et que le tout soit bien mélangé.

- Incorporer le thon et les pois.

- Dans un plat allant au four, mettre les nouilles et le mélange de thon. Cuire au four pendant 30 min.

- 225 g (8 oz) de nouilles aux œufs larges
- 2 c. à soupe de farine tout usage
- 2 c. à soupe de beurre
- 1 c. à café (1 c. à thé) de sel
- 250 ml (1 tasse) de lait
- 120 g (1 tasse) de cheddar fort, râpé
- 170 g (6 oz) de thon en conserve, égoutté
- 400 g (14 oz) de pois verts surgelés

Spaghettis aux crevettes à la thaïlandaise

6 portions

- Dans une grosse cocotte en métal ou une grande casserole, porter une bonne quantité d'eau à ébullition. Ajouter les spaghettis et cuire environ 4 min. Ajouter le brocoli et cuire 2 min. Ajouter les crevettes et cuire de 2 à 3 min ou jusqu'à ce qu'elles soient roses.

- Entre-temps, mélanger le beurre d'arachide et la sauce soya dans un bol. Incorporer le vinaigre, l'huile de sésame, l'huile pimentée, le gingembre et l'ail.

- Égoutter le mélange de spaghettis, puis le remettre dans la casserole. Ajouter le mélange de beurre d'arachide, les petits oignons et les noix. Mélanger délicatement pour bien enrober les pâtes.

- 225 g (8 oz) de spaghettis en morceaux
- 680 g (1 ½ lb) de bouquets de brocoli
- 455 g (1 lb) de crevettes fraîches ou surgelées, décongelées (s'il y a lieu), décortiquées, les veines enlevées, mais la queue intacte
- 85 g (⅓ tasse) de beurre d'arachide crémeux
- 60 à 80 ml (¼ à ⅓ tasse) de sauce soya
- 3 c. à soupe de vinaigre de riz
- 2 c. à soupe d'huile de sésame
- 1 c. à soupe d'huile pimentée ou 1 c. à soupe d'huile de cuisson plus quelques gouttes de sauce au piment du type tabasco
- 1 c. à soupe de gingembre râpé
- 3 gousses d'ail broyées
- 4 ciboules ou échalotes hachées
- 40 g (⅓ tasse) de noix d'acajou ou d'amandes hachées

Nouilles aux fruits de mer

4 portions

- 225 g (9 oz) de nouilles aux œufs étroites
- ½ poivron rouge épépiné
- ½ poivron vert épépiné
- 1 gros calmar, le corps nettoyé
- 2 c. à café (2 c. à thé) de fécule de maïs
- 2 c. à soupe d'huile végétale
- Sel
- Poivre noir
- 1 c. à café (1 c. à thé) d'ail broyé
- 1 c. à café (1 c. à thé) de gingembre broyé
- 1 ciboule ou échalote hachée
- 115 g (4 oz) de moules cuites
- 8 huîtres
- 1 ½ c. à soupe de sauce soya
- 1 ½ c. à soupe de xérès sec

• Cuire les nouilles dans l'eau bouillante salée selon le mode d'emploi indiqué sur l'emballage jusqu'à ce qu'elles soient al dente. Les rincer à l'eau froide, puis les égoutter. Couper les poivrons en lanières de l'épaisseur d'une allumette. Couper les calmars en fines rondelles. Couper les rondelles en deux, puis les passer dans la fécule de maïs.

• Faire chauffer l'huile dans un wok ou dans une poêle à frire, ajouter le calmar et le faire sauter pendant 1 min. Le retirer de la poêle, l'égoutter sur du papier essuie-tout, saler légèrement et poivrer généreusement. Ajouter au wok l'ail, le gingembre, le poivron et le petit oignon et faire sauter pendant 1 min.

• Ajouter les moules, les huîtres, le calmar, la sauce soya, le xérès et les nouilles. Faire sauter jusqu'à ce que le tout soit bien chaud. Disposer sur une assiette de service réchauffée.

Pâtes aux crevettes et aux poivrons aromatisées au sésame

4 portions

• Cuire les pâtes selon le mode d'emploi indiqué sur l'emballage, puis les égoutter. Dans un grand bol, mélanger l'huile, l'ail, les crevettes et les poivrons, puis remuer pour bien enduire les pâtes du mélange. Saler et poivrer. Faire griller ou cuire au barbecue de 3 à 5 min jusqu'à ce que les légumes soient bien dorés et que les crevettes soient opaques.

• Dans un petit bol, mettre l'huile, l'huile de sésame, la sauce soya, le sel, le vinaigre, le beurre d'arachide et le gingembre. Battre jusqu'à ce que le tout soit bien mélangé. Dans une petite casserole, à feu élevé, faire griller pendant environ 2 min les graines de sésame sans corps gras en remuant la casserole jusqu'à ce qu'une bonne odeur s'en dégage. Verser la sauce sur les nouilles et remuer pour bien les enduire de sauce. Ajouter les crevettes et les poivrons aux pâtes. Parsemer de graines de sésame et de petits oignons. Servir chaud ou à température de la pièce.

INGRÉDIENTS

- 510 g (18 oz) de vermicelles, de spaghettinis ou d'autres pâtes longues fines
- 3 c. à soupe d'huile
- 4 gousses d'ail hachées
- 30 grosses crevettes décortiquées, les veines enlevées
- 2 poivrons moyens (1 rouge et 1 jaune), coupés en lanières
- Sel et poivre frais moulu

SAUCE
- 4 c. à soupe d'huile
- 6 c. à soupe d'huile de sésame
- 4 c. à soupe de sauce soya
- 1 c. à café (1 c. à thé) de sel
- 4 c. à soupe de vinaigre de riz ou de vinaigre de vin blanc
- 4 c. à soupe de beurre d'arachide crémeux
- 4 c. à soupe de gingembre fraîchement râpé
- 2 c. à soupe de graines de sésame
- 4 c. à soupe de ciboules ou d'échalotes, blanc et vert hachés

Pétoncles aux pois mange-tout et au maïs

4 portions

INGRÉDIENTS

- 340 g (12 oz) de pétoncles géants, frais ou surgelés
- 160 ml (²/₃ tasse) d'eau
- 2 c. à soupe de xérès sec
- 1 c. à soupe de fécule de maïs
- 2 c. à café (2 c. à thé) de sauce soya
- 1 c. à café (1 c. à thé) de gingembre frais, haché
- ½ c. à café (½ c. à thé) de bouillon de poulet instantané en poudre
- 1 c. à soupe d'huile à cuisson
- 310 g (2 tasses) de pois mange-tout
- 250 g (8 ³/₄ oz) d'épis de maïs miniatures en conserve, égouttés
- 16 tomates cerises coupées en quatre
- 3 ciboules ou échalotes en tranches
- 230 g (2 tasses) de nouilles ramen ou d'un autre type de nouilles fines, chaudes

PRÉPARATION

- Faire décongeler les pétoncles géants, au besoin. Couper les gros pétoncles en deux, puis réserver.

- Pour faire la sauce, bien mélanger l'eau, le xérès, la fécule de maïs, la sauce soya, le gingembre et le bouillon en poudre dans un petit bol. Réserver.

- Verser l'huile de cuisson dans un wok ou dans un grand poêlon. (Pendant la cuisson, ajouter de l'huile au besoin.) Préchauffer le wok à feu moyen-élevé. Faire sauter les pois mange-tout et le maïs dans l'huile chaude de 1 à 2 min ou jusqu'à ce qu'ils soient al dente. Retirer les légumes du wok.

- Ajouter les pétoncles au wok chaud. Faire sauter pendant 2 min ou jusqu'à ce que les pétoncles soient opaques. Former un espace au centre du wok, en disposant les pétoncles sur les bords.

- Brasser la sauce, puis la verser au milieu du wok. Cuire en brassant jusqu'à ce qu'elle soit plus épaisse et qu'elle fasse des bulles. Remettre les légumes cuits dans le wok. Ajouter les tomates et les petits oignons. Brasser tous les ingrédients ensemble pour bien les enduire de sauce. Cuire et brasser encore de 1 à 2 min ou jusqu'à ce que le tout soit bien chaud. Servir immédiatement sur des nouilles très chaudes.

Vermicelles aux crevettes
à la mode de Singapour

4 portions

- Faire tremper les nouilles dans l'eau chaude pendant 20 min ou jusqu'à ce qu'elles soient ramollies.

- Les égoutter et réserver. Décortiquer les crevettes. En procédant de haut en bas, couper les crevettes aux trois quarts, du côté extérieur, et les ouvrir en papillon. Jeter l'intestin (veine noire). Mélanger tous les ingrédients de la sauce et réserver. Dans le wok, chauffer l'huile à feu moyen-élevé et y cuire l'ail, le gingembre et les ciboules ou les échalotes, en brassant pendant 20 sec ou jusqu'à ce qu'une bonne odeur s'en dégage.

- Ajouter la poudre de cari et cuire 10 sec. Ajouter au wok l'oignon, la carotte et le poivron rouge et cuire, en brassant de temps en temps, de 3 à 4 min ou jusqu'à ce que les légumes ne soient plus tout à fait croquants. Incorporer les crevettes. Brasser la sauce et l'ajouter au wok. Porter à ébullition. Cuire environ 1 ½ min ou jusqu'à ce que les crevettes soient roses. Ajouter les germes de haricot, les pois mange-tout et les nouilles. Cuire en brassant environ 2 min ou jusqu'à ce que le tout soit bien chaud.

- 255 g (9 oz) de vermicelles de riz
- 255 g (9 oz) de crevettes moyennes
- 1 c. à soupe d'huile
- 3 gousses d'ail finement hachées
- 1 c. à soupe de gingembre râpé
- 3 ciboules ou échalotes finement hachées
- 1 c. à soupe de poudre de cari
- 1 oignon en tranches minces
- 1 carotte râpée
- 1 poivron rouge en tranches minces
- 115 g (4 oz) de germes de haricot
- 115 g (4 oz) de pois mange-tout équeutés

SAUCE
- 125 ml (½ tasse) de bouillon de poulet
- 2 c. à soupe de sauce soya
- 1 c. à soupe de sucre
- 1 c. à soupe d'huile de sésame
- 1 c. à soupe de vin de riz
- 2 c. à café (2 c. à thé) de fécule de maïs

NOUILLES AUX ŒUFS

Homard Alfredo

4 portions

• À feu moyen, faire fondre le beurre dans une casserole, y verser le fumet de homard ou de poisson et la crème, puis porter à feu moyen-élevé.

• Quand la crème est chaude, juste avant qu'elle bouille, ajouter le parmesan et fouetter vivement jusqu'à ce que tout le fromage soit dissous dans la crème. Ajouter la sauce Worcestershire, le tabasco, le poivre et la moutarde, puis fouetter encore une fois. Réduire à feu moyen-doux et laisser mijoter 20 min.

• Pendant que la sauce mijote, faire cuire les pâtes au goût, les égoutter, puis les disposer dans des assiettes. Couper la chair de homard en petits morceaux et l'ajouter à la sauce. Incorporer les jaunes d'œufs et porter à feu moyen-élevé. La sauce ne doit être ni trop claire ni trop épaisse. Verser la sauce sur les pâtes, parsemer de persil frais, haché, et servir.

INGRÉDIENTS

- 1 c. à soupe de beurre
- 125 ml (½ tasse) de fumet de homard ou de fumet de poisson
- 500 ml (2 tasses) de crème à 35 %
- 150 g (1 ¼ tasse) de parmesan fraîchement râpé
- Quelques gouttes de sauce Worcestershire
- ¼ c. à café (¼ c. à thé) de tabasco
- ¼ c. à café (¼ c. à thé) de poivre noir
- 1 c. à café (1 c. à thé) de moutarde de Dijon
- 340 g (¾ lb) de fettucines
- 155 g (1 tasse) de chair de homard
- 4 jaunes d'œufs
- 15 g (¼ tasse) de persil frais, haché

Lasagne au thon

- 15 g (½ oz) de beurre
- 2 tiges de céleri finement hachées
- 1 oignon haché
- 9 feuilles de pâte à lasagne instantanées (aucune précuisson nécessaire)
- 400 g (14 oz) de thon en conserve, égoutté et émietté
- 2 c. à soupe de cheddar fort, râpé
- 1 c. à café (1 c. à thé) de poudre de cari
- ½ c. à café (½ c. à thé) de paprika moulu

SAUCE AU CARI

- 500 ml (2 tasses) de lait
- 250 ml (1 tasse) d'eau
- 30 g (1 oz) de beurre
- 45 g (⅓ tasse) de farine tout usage
- 2 c. à café (2 c. à thé) de poudre de cari
- 2 œufs battus
- 2 c. à soupe de cheddar fort, râpé
- Poivre noir fraîchement moulu

• Pour faire la sauce, mélanger le lait et l'eau, puis réserver. Faire fondre le beurre dans une poêle, incorporer la farine et la poudre de cari et cuire de 2 à 3 min. Retirer la poêle du feu, puis y incorporer le mélange de lait. Remettre la sauce sur le feu et cuire, en brassant sans arrêt, de 4 à 5 min ou jusqu'à ce que la sauce bouille et qu'elle épaississe. Retirer la poêle du feu et y fouetter les œufs et le fromage. Mettre du poivre au goût et réserver.

• Préchauffer le four à 180 °C (350 °F). Faire fondre le beurre dans une poêle à frire et cuire le céleri et l'oignon de 4 à 5 min ou jusqu'à ce que l'oignon soit ramolli. Verser un peu de sauce au fond d'un plat allant au four, peu profond, légèrement graissé. Couvrir de 3 feuilles de pâte, puis étendre par-dessus la moitié du thon et la moitié du mélange de céleri, verser ensuite une couche de sauce. Répéter l'opération en terminant par une couche de lasagne, puis par une couche de sauce.

• Mélanger le fromage, le cari et le paprika, puis en parsemer la lasagne. Cuire de 30 à 35 min ou jusqu'à ce que les pâtes soient tendres et que le dessus soit doré.

Lasagne aux fruits de mer

4 portions

- Préchauffer le four à 180 °C (350 °F). Chauffer l'huile dans une grande poêle à frire, ajouter le poireau et cuire jusqu'à ce qu'il soit tendre. Incorporer les tomates et le concentré de tomate. Cuire jusqu'à ce que le mélange bouillonne. Faire mijoter sans couvercle jusqu'à ce que la sauce soit légèrement plus épaisse. Incorporer les crevettes et les morceaux de poisson, couvrir et cuire à feu doux environ 5 min.

- Cuire les feuilles de pâte dans une casserole d'eau bouillante jusqu'à ce qu'elles soient al dente. Déposer ensuite les pâtes dans un grand bol d'eau froide jusqu'au moment de l'utilisation.

- Verser le tiers de la sauce au fond d'un moule de 5 cm (2 po) de profondeur. Égoutter les feuilles de pâte, puis en déposer un rang sur la sauce. Verser un autre tiers de la sauce sur les pâtes et recouvrir d'une autre couche de feuilles de pâte.

- Étendre le dernier tiers de sauce sur les pâtes et parsemer de mozzarella. Cuire au four pendant 40 min.

INGRÉDIENTS

- 2 c. à soupe d'huile d'olive
- 1 poireau, le blanc seulement, finement haché
- 400 g (14 oz) de tomates en conserve, hachées
- 2 c. à soupe de concentré de tomate
- 455 g (1 lb) de crevettes crues, décortiquées, les veines enlevées et coupées en petits morceaux
- 255 g (9 oz) de filets de poisson blanc sans arêtes coupés en petits morceaux
- 15 feuilles de pâtes à lasagne aux épinards
- 115 g (4 oz) de mozzarella en tranches fines

Tagliatelles aux tomates et aux moules

4 portions

- 340 g (12 oz) de tagliatelles sèches
- 215 g (8 oz) de moules cuites écaillées
- 2 c. à soupe de basilic frais, haché plus quelques feuilles entières pour la garniture

SAUCE
- 680 g (1 ½ lb) de tomates italiennes mûres
- 1 c. à soupe d'huile d'olive
- 1 oignon finement haché
- 2 gousses d'ail finement hachées
- 2 tiges de céleri finement hachées
- 1 poivron rouge épépiné et finement haché
- 115 g (4 oz) de champignons de Paris finement hachés
- 4 tomates séchées, égouttées et finement hachées
- 6 c. à soupe de vin rouge
- 2 c. à soupe de concentré de tomate
- Poivre noir

- Pour faire la sauce, couvrir les tomates italiennes d'eau bouillante et les laisser ainsi 30 sec. Les égoutter, les peler et les épépiner, puis les hacher.

- Faire chauffer l'huile dans une casserole. Ajouter l'oignon, l'ail, le céleri, le poivron et les champignons et cuire pendant 5 min ou jusqu'à ce que les légumes soient ramollis, en brassant de temps en temps. Ajouter les tomates italiennes, les tomates séchées, le vin, le concentré de tomate et le poivre. Porter à ébullition, couvrir, puis réduire le feu et laisser mijoter pendant 20 min ou jusqu'à ce que les légumes soient tendres, en brassant de temps en temps.

- Entre-temps, cuire les pâtes selon le mode d'emploi indiqué sur l'emballage jusqu'à ce qu'elles soient al dente. Incorporer les moules à la sauce tomate et augmenter un peu le feu. Cuire, sans couvercle, pendant 5 min ou jusqu'à ce que la sauce soit bien chaude, en brassant de temps en temps. Égoutter les pâtes, les ajouter à la sauce avec le basilic haché et mélanger. Garnir de feuilles de basilic et servir immédiatement.

Fettucines aux crevettes, sauce à l'ail

4 portions

- Préchauffer le four à 180 °C (350 °F). Mettre la tête d'ail entière dans un petit plat allant au four. Couvrir simplement l'ail d'eau. Cuire au four environ 1 h ou jusqu'à ce que la moitié de l'eau soit évaporée et que l'ail soit tendre. Réserver. Verser la crème dans une grande casserole, puis ajouter le bouillon de poulet.

- À feu moyen, faire mijoter doucement. Mélanger la fécule de maïs avec 1 c. à soupe d'eau froide. Incorporer ce mélange à la sauce. Presser l'ail délicatement pour enlever la pelure, puis incorporer l'ail à la sauce. Faire mijoter 10 min. Chauffer l'huile dans un grand poêlon. Ajouter les crevettes et cuire jusqu'à ce qu'elles deviennent roses. Ajouter la sauce et les pâtes cuites. Bien réchauffer le tout. Les déposer ensuite dans des bols. Garnir de parmesan et de persil.

INGRÉDIENTS

- 1 tête d'ail entière
- 750 ml (3 tasses) de crème à 15 %
- 250 ml (1 tasse) de bouillon de poulet
- 1 c. à soupe de fécule de maïs
- 3 c. à soupe d'huile d'olive
- 455 g (1 lb) de grosses crevettes décortiquées, les veines enlevées
- 900 g (6 tasses) de fettucines cuites
- 25 g (¼ tasse) de parmesan
- Persil haché

Fettucines Alfredo au saumon fumé

6 portions

- 1 c. à soupe de beurre ou de margarine
- 1 grosse gousse d'ail broyée
- 1 c. à soupe de farine tout usage
- 250 ml (1 tasse) de lait écrémé
- 50 g (1 tasse) de parmesan râpé
- 80 ml (¹/₃ tasse) de crème sure
- 1 c. à soupe d'aneth frais, haché
- 340 g (12 oz) de fettucines non cuites
- 225 g (8 oz) de saumon fumé coupé en petits morceaux
- 2 c. à soupe de câpres

• Dans une casserole, faire fondre le beurre ou la margarine à feu doux. Ajouter l'ail, cuire 1 min, puis ajouter la farine, en brassant sans arrêt. Incorporer graduellement le lait et cuire, en continuant à brasser, jusqu'à ce que la sauce épaississe. Mettre le parmesan et la crème sure et cuire en brassant jusqu'à ce que le fromage soit fondu. Incorporer l'aneth. Garder au chaud.

• Cuire les pâtes selon le mode d'emploi indiqué sur l'emballage, puis les égoutter. Les déposer dans un grand bol, puis ajouter le saumon, les câpres et la sauce. Bien mélanger. Servir immédiatement.

Fettucines aux légumes et aux pétoncles

6 portions

• Cuire les pâtes selon le mode d'emploi indiqué sur l'emballage, puis les égoutter. Chauffer l'huile dans une grande poêle à frire ou un wok et ajouter le céleri, le poivron, les carottes et les petits oignons. Cuire, en brassant, jusqu'à ce que les légumes soient al dente. Couper les pétoncles en trois (les petits pétoncles peuvent être utilisés entiers). Les ajouter aux légumes et cuire en brassant jusqu'à ce que les pétoncles soient opaques. Ajouter le jus d'orange, le piment en flocons et le zeste d'orange. Cuire encore 2 min et verser sur les pâtes cuites. Mélanger avec le fromage. Garnir de persil.

PRÉPARATION   INGRÉDIENTS

- 340 g (12 oz) de fettucines non cuites
- 2 c. à soupe d'huile d'olive ou d'huile végétale
- 2 tiges de céleri en julienne
- 1 poivron rouge en julienne
- 2 carottes en julienne
- 3 ciboules ou échalotes en julienne
- 510 g (18 oz) de pétoncles géants ou de petits pétoncles, crus
- 125 ml (½ tasse) de jus d'orange fraîchement pressée
- Piment rouge séché, en flocons, au goût
- 1 c. à café (1 c. à thé) de zeste d'orange râpé
- 80 g (¾ tasse) de fromage Romano râpé
- Persil pour la garniture

Fettucines aux crevettes et aux artichauts

INGRÉDIENTS

- 570 g (1 1/4 lb) de crevettes moyennes ou grosses, fraîches ou surgelées, décortiquées, les veines enlevées, mais la queue intacte
- 6 petits artichauts frais ou 285 g (10 oz) de cœurs d'artichaut en conserve
- 2 c. à soupe de jus de citron
- 225 g (8 oz) de fettucines ou d'un autre type de pâtes longues et plates, comme les tagliatelles ou les linguines
- 2 grosses ciboules ou échalotes pelées et finement hachées
- 125 ml (1/2 tasse) de bouillon de poulet
- 2 c. à café (2 c. à thé) de thym frais en petits morceaux ou 1/2 c. à café (1/2 c. à thé) de thym séché, émietté
- 1/2 c. à café (1/2 c. à thé) de piment rouge, en flocons
- 1/4 c. à café (1/4 c. à thé) de sel
- 125 ml (1/2 tasse) de crème à 35 %
- 1 c. à soupe de beurre
- 3/4 c. à café (3/4 c. à thé) de zeste de citron finement râpé
- Quartiers de citron (facultatif)

PRÉPARATION

- Faire décongeler les crevettes, au besoin. Si les artichauts sont frais, bien les rincer et en couper la tige. Enlever les feuilles extérieures, couper les extrémités pointues des feuilles à environ 0,5 cm (1/4 po) du bout. Couper les artichauts en quartiers, puis les tremper dans le jus de citron pour éviter l'oxydation. Si l'on utilise des artichauts en conserve, les couper en deux et réserver. Cuire les pâtes selon le mode d'emploi indiqué sur l'emballage, puis les égoutter et les remettre dans la casserole.

- Entre-temps, dans un grand poêlon, mettre les artichauts frais, les petits oignons, le bouillon, le thym, le piment en flocons et le sel. Porter à ébullition. Réduire le feu, couvrir et laisser mijoter jusqu'à ce que les artichauts soient tendres. Cuire les artichauts de 8 à 10 min, puis les retirer à l'aide d'une écumoire, en conservant le liquide de cuisson dans le poêlon. Ajouter les crevettes au poêlon et cuire, sans couvercle, à feu moyen, de 2 à 3 min ou jusqu'à ce que les crevettes soient roses, en brassant souvent.

- À l'aide d'une écumoire, ajouter les crevettes au mélange d'artichaut, en conservant le liquide de cuisson dans le poêlon. Réduire le liquide qui reste au fond du poêlon à environ 1 c. à soupe. Ajouter la crème et faire bouillir doucement de 2 à 3 min ou jusqu'à ce que la sauce épaississe, en brassant sans arrêt. Retirer du feu, puis incorporer le beurre et le zeste de citron en brassant jusqu'à ce que le beurre soit fondu.

- Incorporer le mélange de crevettes et d'artichaut à la sauce et bien réchauffer le tout. Verser la sauce sur les pâtes et brasser doucement. Si l'on souhaite servir les crevettes avec la queue, utiliser des pinces de cuisine pour les dresser sur l'assiette. Présenter avec des quartiers de citron, si désiré.

Fettucines de la mer

• Porter à ébullition une grande casserole d'eau légèrement salée.
Y mettre les crevettes et les pétoncles, puis les faire mijoter pendant
10 min. Retirer les fruits de mer et conserver l'eau de cuisson dans un
autre bol.

• Faire fondre le beurre dans la même casserole et y ajouter l'oignon,
l'ail et les poivrons. Les faire sauter et brasser jusqu'à ce que les légumes
soient transparents sans être dorés.

• Ajouter la farine et mélanger jusqu'à ce que les légumes en soient
bien couverts. En brassant constamment, verser lentement de l'eau de
cuisson des fruits de mer. Ajouter la simili-chair de crabe et mélanger.
Incorporer le lait ainsi que du sel et du poivre au goût.

• Parsemer de marjolaine, de basilic et d'estragon, puis laisser mijoter
très doucement. Brasser sans arrêt jusqu'à la consistance désirée. Retirer
du feu et réserver.

• Porter à ébullition une grande casserole d'eau légèrement salée.
Y mettre les pâtes et cuire de 6 à 8 min ou jusqu'à ce qu'elles soient
al dente. Les égoutter et les napper de sauce aux fruits de mer. Servir.

INGRÉDIENTS

- 255 g (9 oz) de crevettes moyennes décortiquées, les veines enlevées
- 255 g (9 oz) de pétoncles
- 2 c. à soupe de beurre
- 1 oignon haché
- 1 gousse d'ail hachée
- 1 poivron vert, haché
- 1 poivron rouge, haché
- 2 c. à soupe de farine tout usage
- 255 g (9 oz) de simili-chair de crabe
- 500 ml (2 tasses) de lait
- Sel et poivre au goût
- Une pincée de marjolaine séchée
- Une pincée de feuilles de basilic séché
- Une pincée d'estragon séché
- 285 g (10 oz) de fettucines séchées

Fettucines au caviar

4 portions

- Cuire les pâtes dans l'eau bouillante salée jusqu'à ce qu'elles soient al dente, puis les égoutter.

- Entre-temps, faire chauffer l'huile dans une grande poêle à frire, à feu moyen. Ajouter l'ail et cuire 2 min.

- Ajouter les pâtes, la ciboulette, les deux types de caviar et les œufs, brasser et bien chauffer le tout. Couronner de crème sure et servir.

PRÉPARATION

INGRÉDIENTS

- 315 g (11 oz) de fettucines
- 4 c. à soupe d'huile d'olive
- 2 gousses d'ail broyées
- 2 c. à soupe de ciboulette fraîche en petits morceaux
- 3 c. à soupe de caviar rouge
- 3 c. à soupe de caviar noir
- 2 œufs durs, hachés
- 60 ml (¼ tasse) de crème sure

Fettucines au saumon au parfum de framboise

6 portions

INGRÉDIENTS

INGRÉDIENTS

- 455 g (1 lb) de fettucines
- 1 c. à soupe d'huile végétale
- 455 g (1 lb) de filets de saumon,
  sans peau et sans arêtes
- 2 c. à soupe de jus de citron
- 2 c. à soupe d'aneth fraîchement haché

MAYONNAISE AUX FRAMBOISES
- 200 g (7 oz) de framboises
- 250 ml (1 tasse) de mayonnaise légère
- 2 c. à café (2 c. à thé) de moutarde à
  l'ancienne ou de moutarde de Meaux
- 1 c. à soupe de jus de citron

PRÉPARATION

• Pour faire la mayonnaise, passer les framboises au robot culinaire ou au mélangeur jusqu'à consistance onctueuse. Passer cette purée dans un tamis et jeter les graines. Ajouter à la purée la mayonnaise, la moutarde et le jus de citron, bien mélanger et réserver.

• Dans une grande casserole, cuire les pâtes dans l'eau bouillante selon le mode d'emploi indiqué sur l'emballage. Les égoutter et les garder au chaud.

• À feu moyen, chauffer l'huile dans une poêle à frire ou dans une poêle à fond strié. Badigeonner le saumon de jus de citron, puis le parsemer d'aneth. Déposer le saumon dans la poêle et cuire de 2 à 3 min de chaque côté ou jusqu'à ce que la chair se défasse à la fourchette. Retirer le saumon de la poêle, puis le couper en tranches épaisses.

• Pour servir, répartir les pâtes entre six assiettes. Garnir de tranches de saumon et verser un soupçon de mayonnaise aux framboises. Servir immédiatement.

Fettucines aux fruits de mer

4 portions

- Pour faire la sauce, chauffer l'huile dans une grande casserole et y mettre les oignons, le poivron, l'ail, le piment, le cumin et la coriandre. Cuire de 3 à 4 min ou jusqu'à ce que les oignons soient tendres. Ajouter les tomates, le vin et le concentré de tomate et cuire à feu moyen 30 min de plus ou jusqu'à ce que la sauce ait réduit et qu'elle ait épaissi.

- Ajouter le calmar à la sauce et cuire 5 min ou jusqu'à ce qu'il soit tout juste tendre. Ajouter les moules et les crevettes et cuire encore de 4 à 5 min. Incorporer 2 c. à soupe de coriandre fraîche. Ajouter du poivre au goût.

- Dans une grande casserole, cuire les pâtes dans l'eau bouillante selon le mode d'emploi indiqué sur l'emballage. Les égoutter, puis verser la sauce sur les pâtes et parsemer du reste de coriandre fraîche. Servir immédiatement.

- 455 g (1 lb) de fettucines de diverses couleurs

SAUCE AUX FRUITS DE MER ÉPICÉE
- 1 c. à soupe d'huile d'olive
- 1 oignon en tranches
- 1 poivron rouge en dés
- 1 gousse d'ail broyée
- 1 piment rouge épépiné et finement haché
- ½ c. à café (½ c. à thé) de cumin moulu
- ½ c. à café (½ c. à thé) de coriandre moulue
- 400 g (14 oz) de tomates en conserve, non égouttées et en purée
- 60 ml (¼ tasse) de vin blanc sec
- 1 c. à soupe de concentré de tomate
- 145 g (5 oz) de calmar coupé en rondelles
- 145 g (5 oz) de moules fraîches, brossées, dans leurs coquilles
- 455 g (1 lb) de grosses crevettes crues, décortiquées, les veines enlevées
- 4 c. à soupe de coriandre fraîche finement hachée
- Poivre noir fraîchement moulu

Fettucines au saumon fumé

6 portions

INGRÉDIENTS

- 455 g (1 lb) de fettucines

SAUCE AU SAUMON FUMÉ
- 115 g (4 oz) de pois frais ou surgelés
- 60 ml (¼ tasse) de vin blanc
- 300 ml (1 ¼ tasse) de crème à 35 %
- 8 tranches de saumon fumé
- 3 ciboules ou échalotes finement hachées
- Poivre noir fraîchement moulu

PRÉPARATION

• Dans une grande casserole, cuire les pâtes dans l'eau bouillante selon le mode d'emploi indiqué sur l'emballage. Les égoutter, puis les garder au chaud.

• Pour faire la sauce, blanchir les pois à l'eau bouillante pendant 2 min. Les passer sous l'eau froide, les égoutter et réserver. Verser le vin dans une grande poêle à frire et porter à ébullition. Incorporer 250 ml (1 tasse) de crème et faire bouillir jusqu'à ce que la sauce ait réduit et épaissi. Passer 4 tranches de saumon fumé, les petits oignons et le reste de la crème au robot culinaire et en faire une purée. Incorporer le mélange de saumon fumé à la sauce et cuire jusqu'à ce que la sauce soit très chaude.

• Couper le reste du saumon fumé en lanières. Ajouter à la sauce le saumon et les pois, puis poivrer au goût. Verser la sauce sur les fettucines, puis remuer pour bien mélanger. Servir immédiatement.

Fettucines au poisson fumé et aux asperges

6 portions

- Cuire les pâtes dans une grande casserole d'eau qui bout à gros bouillons jusqu'à ce qu'elles soient al dente, puis bien les égoutter.

- Mettre l'huile d'olive, le safran, l'ail, le zeste et le jus de citron, le sucre et le bouillon dans un contenant et bien brasser. Faire chauffer doucement le mélange dans une poêle à frire profonde antiadhésive jusqu'à ce qu'il soit chaud.

- Couper les asperges en morceaux de 5 cm (2 po), puis les faire cuire à feu doux dans le mélange précédent. Ajouter les petits oignons, les tomates et les fettucines, puis remuer doucement pour bien réchauffer le tout. Retirer du feu et ajouter le poisson fumé, les épinards, les pignons et l'aneth en remuant délicatement. Poivrer et servir immédiatement.

INGRÉDIENTS

- 455 g (1 lb) de fettucines
- 2 c. à soupe d'huile d'olive extra-vierge
- Une pincée de safran
- 2 gousses d'ail broyées
- 1 c. à café (1 c. à thé) de zeste de citron
- 85 ml (3 oz) de jus de citron
- 1 c. à soupe de sucre
- 250 ml (1 tasse) de bouillon de poulet pauvre en sel
- 285 g (10 oz) d'asperges
- 4 ciboules ou échalotes en tranches
- 115 g (4 oz) de tomates partiellement séchées
- 285 g (10 oz) de saumon fumé ou de truite fumée, déchiqueté en gros morceaux
- 200 g (7 oz) de jeunes feuilles d'épinard lavées
- 55 g (2 oz) de pignons rôtis
- 15 g (⅓ tasse) d'aneth frais, haché
- Poivre noir concassé, au goût

Fettucines aux pétoncles prêtes en un clin d'œil

INGRÉDIENTS

- 455 g (1 lb) de fettucines
- 1 c. à soupe de persil frais finement haché

SAUCE AUX PÉTONCLES
- 30 g (1 oz) de beurre
- 1 poivron rouge coupé en lanières
- 2 ciboules ou échalotes finement hachées
- 250 ml (1 tasse) de crème à 35 %
- 455 g (1 lb) de pétoncles
- Poivre noir moulu au goût

PRÉPARATION

• Dans une grande casserole, cuire les fettucines dans l'eau bouillante selon le mode d'emploi indiqué sur l'emballage. Les égoutter et les garder au chaud.

• Pour faire la sauce, faire fondre le beurre dans une grande poêle à frire et cuire le poivron et les petits oignons de 1 à 2 min. Ajouter la crème et porter à ébullition, puis réduire le feu et faire mijoter 5 min ou jusqu'à ce que la sauce ait légèrement réduit et qu'elle soit plus épaisse.

• Incorporer les pétoncles à la sauce et cuire de 2 à 3 min ou jusqu'à ce que les pétoncles soient opaques. Ajouter du poivre au goût. Déposer les fettucines dans une assiette de service réchauffée, garnir de sauce et parsemer de persil.

PÂTES LONGUES

Cheveux d'ange aux crevettes et au basilic

4 portions

- Verser 1 c. à soupe d'huile d'olive dans une grande casserole d'eau légèrement salée et porter à ébullition. Ajouter les pâtes, cuire jusqu'à ce qu'elles soient al dente, puis les égoutter. Pour ne pas que les pâtes collent ensemble, les passer rapidement sous l'eau froide.

- Chauffer le reste de l'huile d'olive dans un poêlon de 25 cm (10 po). Cuire l'ail à feu moyen, en brassant sans arrêt, jusqu'à ce qu'il soit tendre, soit environ 1 min, mais ne pas le laisser brunir. Ajouter les crevettes et continuer à brasser jusqu'à ce qu'elles deviennent roses, soit de 3 à 5 min. Retirer les crevettes du poêlon et réserver.

- Incorporer les tomates, le vin, le persil et le basilic au contenu du poêlon. Poursuivre la cuisson, en brassant de temps en temps, jusqu'à ce que le liquide ait réduit de moitié, soit de 8 à 12 min. Remettre les crevettes dans le poêlon et poursuivre la cuisson de 2 à 3 min jusqu'à ce que les crevettes soient bien chaudes. Verser la sauce aux crevettes sur les pâtes. Garnir de parmesan et servir.

INGRÉDIENTS

- 60 ml ('/₄ tasse) d'huile d'olive légère
- 225 g (8 oz) de cheveux d'ange
- 1 c. à café (1 c. à thé) d'ail haché
- 455 g (1 lb) de grosses crevettes décortiquées, les veines enlevées
- 2 x 750 g (26 oz) de tomates à l'italienne, en conserve, en dés, égouttées
- 125 ml ('/₂ tasse) de vin blanc sec
- 60 ml ('/₄ tasse) de persil haché
- 3 c. à soupe de basilic frais, haché
- 3 c. à soupe de parmesan râpé

Pâtes, sauce aux palourdes

- 225 g (8 oz) de spaghettis, de linguines ou de pâtes en spirale, séchées
- 2 x 200 g (7 oz) de palourdes en conserve, émincées
- 80 g ('/₂ tasse) d'oignon haché
- 2 gousses d'ail hachées
- 2 c. à café (2 c. à thé) d'huile d'olive
- 180 ml (³/₄ tasse) de lait écrémé
- 40 g ('/₃ tasse) de farine tout usage
- '/₄ c. à café ('/₄ c. à thé) de sel
- '/₄ c. à café ('/₄ c. à thé) de poivre au citron
- 70 g ('/₂ tasse) de pois surgelés
- 15 g ('/₄ tasse) de persil en petits morceaux
- 60 ml ('/₄ tasse) de vin blanc sec ou de bouillon de poulet
- 1 c. à soupe de basilic frais en petits morceaux ou '/₂ c. à café ('/₂ c. à thé) de basilic séché, émietté
- Parmesan râpé ou chapelure (facultatif)

• Cuire les pâtes selon le mode d'emploi indiqué sur l'emballage.

• Entre-temps, égoutter les palourdes et conserver le liquide. Réserver les palourdes. Au besoin, ajouter de l'eau au liquide des palourdes pour obtenir 250 ml (1 tasse) de liquide, au total. Réserver.

• Pour faire la sauce, dans une casserole moyenne, cuire l'oignon et l'ail dans l'huile bouillante, jusqu'à ce que l'oignon soit tendre. Dans un contenant dont le couvercle visse, mettre le lait et la farine. Couvrir, puis agiter le contenant jusqu'à ce que le mélange soit homogène. Verser ce mélange dans la casserole, puis ajouter le sel, le poivre au citron et le liquide des palourdes. Cuire en brassant, à feu moyen, jusqu'à ce que la sauce épaississe et fasse des bulles. Poursuivre la cuisson encore 1 min, en brassant. Incorporer les palourdes, les pois, le persil, le vin ou le bouillon et le basilic. Bien réchauffer.

• Servir la sauce sur les pâtes chaudes. Si désiré, parsemer chaque portion de parmesan ou de chapelure.

Spaghettis au thon et au cresson

4 portions

• Cuire les pâtes dans l'eau bouillante dans une grande casserole selon le mode d'emploi indiqué sur l'emballage. Bien les égoutter, puis les déposer dans un grand plat de service.

• Ajouter aux pâtes chaudes le thon, le cresson, les olives, le zeste de lime, le gingembre, le vinaigre, l'huile et le jus de lime, puis remuer pour bien mélanger le tout. Servir immédiatement.

INGRÉDIENTS

- 455 g (1 lb) de spaghettis
- 455 g (1 lb) de darnes de thon finement tranchées
- 1 bouquet de cresson (conserver les feuilles seulement)
- 115 g (4 oz) d'olives noires
- 1 c. à soupe de zeste de lime finement râpé
- 2 c. à café (2 c. à thé) de gingembre frais finement râpé
- 60 ml (¼ tasse) de vinaigre balsamique ou de vinaigre de vin rouge
- 1 c. à soupe d'huile d'olive
- 2 c. à soupe de jus de lime

Spaghettis aux moules
4 portions

- 2 kg (4 ½ lb) de moules
- 6 c. à soupe d'huile d'olive extra-vierge
- 340 g (12 oz) de spaghettis séchés
- Sel
- 125 ml (½ tasse) de vin blanc sec
- 55 g (2 oz) de persil italien frais, haché
- 2 gousses d'ail hachées
- 1 c. à soupe de piment séché, en flocons

• Brosser les moules sous l'eau froide, en retirer la barbe et jeter toutes celles qui sont ouvertes ou endommagées. Verser 2 c. à soupe de l'huile dans une grande casserole à fond épais, puis y ajouter les moules. Couvrir et cuire de 2 à 4 min, en remuant souvent la casserole, jusqu'à ce que les coquillages soient ouverts.

• Jeter toutes les moules qui ne sont pas ouvertes. Conserver 12 moules cuites dans leurs coquilles pour la garniture. Retirer les autres moules de leurs coquilles. Réserver les moules et jeter les coquilles vides.

• Cuire les pâtes dans une grande quantité d'eau bouillante salée jusqu'à ce qu'elles soient al dente, puis les égoutter. Entre-temps, mettre le reste de l'huile, le vin, le persil, l'ail et le piment en flocons dans une grande poêle à frire à fond épais et porter à ébullition. Cuire 2 min pour que l'alcool s'évapore. Incorporer les moules et les pâtes au mélange d'huile et de piment, puis brasser 30 sec pour que le tout soit bien chaud. Garnir avec les moules réservées et servir.

Linguines aux anchois

4 portions

INGRÉDIENTS

- 4 gousses d'ail hachées
- 6 c. à soupe d'huile d'olive
- 2 c. à soupe de persil frais, haché
- 3 ½ x 48 g (1 ¾ oz) de filets d'anchois en conserve, hachés
- 250 ml (1 tasse) d'eau
- 455 g (1 lb) de linguines

PRÉPARATION

- Faire brunir l'ail dans l'huile d'olive. Incorporer le persil et les anchois. Ajouter de l'eau pour couvrir et faire mijoter quelques minutes.

- Entre-temps, cuire les pâtes dans l'eau bouillante salée jusqu'à ce qu'elles soient al dente.

- Égoutter les pâtes, puis y incorporer la sauce aux anchois.

Spaghettis sauce tomate, anchois et olives

INGRÉDIENTS

- 455 g (1 lb) de tomates mûres
- 6 c. à soupe d'huile d'olive extra-vierge
- 400 g (14 oz) de spaghettis séchés
- Sel
- 1 petit piment rouge épépiné, finement haché
- 2 x 48 g (1 3/4 oz) de filets d'anchois en conserve, égouttés
- 2 gousses d'ail tranchées très finement
- 100 g (3 1/2 oz) de grosses olives noires, dénoyautées, en tranches
- 1 c. à soupe de câpres égouttées, asséchées
- 3 c. à soupe de persil frais, haché

PRÉPARATION

- Déposer les tomates dans un bol et les recouvrir d'eau bouillante. Les laisser reposer 30 sec, les peler, les épépiner et les couper en fines lanières. Chauffer 1/2 c. à soupe d'huile d'olive dans une grande poêle à frire à fond épais et cuire les tomates 5 min, en brassant de temps en temps, jusqu'à ce qu'elles soient tendres. Retirer les tomates de la poêle et réserver, puis laver la poêle.

- Cuire les pâtes dans une grande quantité d'eau bouillante salée jusqu'à ce qu'elles soient al dente.

- Entre-temps, ajouter le reste de l'huile, le piment, les anchois et l'ail dans la poêle et cuire 1 min en mettant les anchois en purée à l'aide d'une fourchette. Ajouter les tomates, les olives et les câpres et cuire de 2 à 3 min en brassant souvent.

- Égoutter les spaghettis, puis les ajouter au mélange tomate-olives-anchois. Incorporer le persil. Cuire 1 min, en remuant les pâtes sans arrêt, jusqu'à ce que le tout soit bien mélangé.

Spaghettinis aux palourdes, au piment et à l'ail

4 à 6 portions

• Cuire les pâtes dans l'eau bouillante avec un peu d'huile jusqu'à ce qu'elles soient al dente. Les passer ensuite à l'eau froide, puis réserver.

• Chauffer la moitié de l'huile et cuire l'ail à feu doux jusqu'à ce qu'il commence à changer de couleur. Ajouter les piments et les tomates et cuire quelques minutes.

• Ajouter les palourdes, le persil, le jus de citron, l'huile qui reste, les spaghettinis et un peu de l'eau qui a servi à cuire les palourdes, et cuire pendant 5 min encore. Saler et poivrer.

NOTE : Si vous utilisez des palourdes fraîches, lavez-les à l'eau froide et frottez les coquilles avec un couteau pointu ou un tampon à récurer. À feu doux, placez-les dans une grande casserole contenant un peu d'eau et cuire jusqu'à ce qu'elles s'ouvrent. Jeter toutes celles qui ne sont pas ouvertes.

- 400 g (14 oz) de spaghettinis
- 85 ml (3 oz) d'huile d'olive
- 4 gousses d'ail en tranches
- 4 piments rouges finement hachés
- 400 g (2 tasses) de tomates en fins dés
- 650 g (23 oz) de petites palourdes fraîches ou en conserve
- 20 g (⅓ tasse) de persil haché
- Le jus de 2 citrons
- Sel et poivre noir fraîchement moulu

Spaghettis aux crevettes et aux pétoncles

4 portions

- Décortiquer et enlever l'intestin (veine noire) des crevettes, mais en conserver la queue. Assécher les pétoncles avec du papier essuie-tout.

- Cuire les spaghettis dans une grande casserole d'eau qui bout à gros bouillons jusqu'à ce qu'ils soient al dente. Les égoutter, couvrir et réserver.

- Chauffer la pâte d'olive et l'huile d'olive dans une grande poêle à frire profonde et cuire quelques crevettes et quelques pétoncles à la fois, à feu élevé, jusqu'à ce qu'ils soient tout juste tendres. Les retirer du feu et les conserver au chaud. Répéter l'opération jusqu'à ce que tous les fruits de mer soient cuits.

- Ajouter l'ail, les petits oignons et le piment à la poêle et cuire à feu moyen jusqu'à ce que les oignons soient tendres. Incorporer le vin et porter à ébullition, en brassant, pour libérer les sucs qui ont pu adhérer au fond de la poêle. Faire bouillir jusqu'à ce que le liquide ait réduit de moitié.

- Incorporer à la poêle les tomates, les zestes, le sucre et la ciboulette. Cuire jusqu'à ce que les tomates soient bien chaudes.

- Ajouter les crevettes, les pétoncles et les spaghettis, puis remuer pour bien mélanger. Servir avec du pain croûté.

INGRÉDIENTS

- 455 g (1 lb) de crevettes fraîches
- 255 g (9 oz) de pétoncles sans le corail
- 340 g (12 oz) de spaghettis
- 30 g (1 oz) de pâte d'olive
- 2 c. à café (2 c. à thé) d'huile d'olive
- 2 gousses d'ail broyées
- 3 ciboules ou échalotes en tranches
- 1 petit piment finement haché
- 125 ml (½ tasse) de vin blanc sec
- 2 grosses tomates mûries sur pied, épépinées et finement hachées
- 1 c. à café (1 c. à thé) de zeste de citron
- 1 c. à café (1 c. à thé) de zeste d'orange
- 1 c. à café (1 c. à thé) de sucre
- 1 c. à soupe de ciboulette fraîche, hachée

Tartelettes au saumon et aux légumes

4 portions

INGRÉDIENTS

- 115 g (4 oz) de spaghettis séchés
- 1 œuf battu
- 15 g (⅓ tasse) de parmesan râpé
- 3 c. à soupe de margarine ou de beurre
- 50 g (1 tasse) de bouquets de brocoli
- 1 carotte moyenne finement tranchée
- 1 petit oignon émincé
- ½ c. à café (½ c. à thé) d'origan ou de sarriette, séché
- 1 gousse d'ail hachée
- Une pincée de sel
- 340 g (12 oz) de saumon en conserve, sans peau et sans arêtes, égoutté et émietté ou 255 g (9 oz) de thon en conserve dans l'eau, égoutté et défait en petits morceaux
- 2 œufs battus
- 125 ml (½ tasse) de crème à 15 % ou de lait

PRÉPARATION

• Pour faire les croûtes de spaghettis, cuire les pâtes selon le mode d'emploi indiqué sur l'emballage, puis les égoutter. Mélanger immédiatement les pâtes, un œuf battu, le parmesan et 1 c. à soupe de margarine ou de beurre. Répartir également le mélange de pâtes entre quatre plats à gratin individuels graissés. Presser le mélange au fond et sur les côtés des plats pour former une croûte. Réserver.

• Dans un grand poêlon, cuire le brocoli, la carotte, l'oignon, l'origan ou la sarriette, l'ail et le sel dans le reste de margarine ou de beurre jusqu'à ce que les légumes soient al dente. Incorporer délicatement le poisson au mélange de légumes.

• Répartir également le mélange de poisson dans les plats à gratin. Mélanger les deux œufs battus avec la crème ou le lait. Répartir aussi ce mélange également dans les plats à gratin sur le poisson. Couvrir de papier d'aluminium. Cuire au four à 180 °C (350 °F) pendant 15 min. Retirer le papier d'aluminium et cuire encore de 5 à 10 min ou jusqu'à ce que le mélange soit ferme. Laisser reposer 5 min avant de servir.

Spaghettis aux calmars parfumés à la coriandre

4 portions

INGRÉDIENTS   PRÉPARATION

INGRÉDIENTS

- 455 g (1 lb) de calmars, le corps nettoyé et coupé en rondelles
- 455 g (1 lb) de spaghettis ou de vermicelles
- 2 c. à café (2 c. à thé) d'huile d'olive
- 1 oignon rouge en fins dés
- 1 gousse d'ail broyée
- 4 tomates italiennes, épépinées et en dés
- 70 g (½ tasse) d'olives noires dénoyautées, rincées, égouttées et coupées
- 60 ml (¼ tasse) de bouillon de poulet ou de fumet de poisson pauvre en sel
- 60 ml (¼ tasse) de vin blanc sec
- 75 g (½ tasse) de coriandre fraîche, hachée
- 3 c. à soupe de menthe fraîche, hachée
- Poivre noir fraîchement moulu

PRÉPARATION

- Porter une grande casserole d'eau à ébullition. À l'aide d'une écumoire ou d'un panier en métal, plonger délicatement les calmars dans l'eau. Cuire de 5 à 10 sec ou jusqu'à ce qu'ils aient tout juste blanchi et qu'ils soient fermes. Les égoutter. Les plonger ensuite dans l'eau glacée. Les égoutter encore une fois. Réserver.

- Porter une autre grande casserole d'eau fraîche à ébullition. Ajouter les pâtes et les cuire selon le mode d'emploi indiqué sur l'emballage.

- Entre-temps, mettre l'huile, l'oignon et l'ail dans une poêle antiadhésive, à feu moyen. Cuire en brassant, de 3 à 4 min, ou jusqu'à ce que l'oignon soit tendre. Ajouter les tomates, les olives, le bouillon et le vin, puis faire mijoter pendant 5 min. Incorporer la coriandre, la menthe, les calmars et du poivre, au goût. Cuire de 1 à 2 min ou jusqu'à ce que le tout soit cuit.

- Égoutter les pâtes, puis ajouter le mélange de calmars. Bien mélanger.

Cannellonis au crabe

6 portions

- Préchauffer le four à 180 °C (350 °F). Cuire les cannellonis dans l'eau bouillante salée jusqu'à ce qu'ils soient al dente. Les égoutter et laisser refroidir.

- Faire sauter les cannellonis dans l'huile bouillante pendant 5 min jusqu'à ce qu'ils soient croustillants. Les retirer de l'huile et les égoutter sur du papier essuie-tout.

- Mélanger la chair de crabe, la mayonnaise, du poivre au goût et le jus de citron, puis en farcir les cannellonis. Déposer les cannellonis dans un plat allant au four peu profond, saupoudrer de paprika et cuire 15 min ou jusqu'à ce que le tout soit bien chaud.

- Servir avec de la chicorée frisée et des tomates cerises.

INGRÉDIENTS

- 12 gros cannellonis
- Huile pour friture
- 750 g (1 ²/₃ lb) de chair de crabe
- 225 g (8 oz) de mayonnaise
- Poivre noir fraîchement moulu
- 2 c. à soupe de jus de citron fraîchement pressé
- Paprika
- Chicorée frisée
- 225 g (8 oz) de tomates cerises

Spaghettis au thon et aux olives

4 portions

- 455 g (1 lb) de spaghettis

SAUCE AU THON
- 440 g (15 ¹/₂ oz) de thon en conserve dans l'huile, égoutté, l'huile réservée
- 1 gros oignon haché
- 1 poivron vert en tranches
- 1 c. à café (1 c. à thé) d'ail haché
- 375 ml (1 ¹/₂ tasse) de coulis de tomates
- 1 c. à soupe de concentré de tomate
- 125 ml (¹/₂ tasse) de vin blanc
- 1 c. à soupe de poivre noir concassé
- 2 c. à soupe de persil frais finement haché
- 8 olives noires dénoyautées, coupées en deux

- Dans une grande casserole, cuire les spaghettis dans l'eau bouillante selon le mode d'emploi indiqué sur l'emballage. Les égoutter et les garder au chaud.

- Pour faire la sauce, chauffer l'huile du thon en conserve dans une poêle à frire et cuire l'oignon, le poivron et l'ail pendant 3 à 4 min ou jusqu'à ce que l'oignon soit tendre. Incorporer le coulis de tomates, le concentré de tomate et le vin et cuire de 3 à 4 min.

- Ajouter le thon à la sauce et cuire, en brassant délicatement, de 4 à 5 min. Verser la sauce sur les spaghettis et bien mélanger. Poivrer et garnir de persil et d'olives.

Linguines au saumon fumé, sauce crème

4 portions

- 225 g (8 oz) de linguines, de fettucines ou de spaghettis séchés
- 170 g (6 oz) de saumon fumé en tranches minces ou de saumon frais, cuit
- 2 ciboules ou échalotes en tranches minces
- 1 gousse d'ail hachée
- 1 c. à soupe de margarine ou de beurre
- 1 tasse de crème à 35 %
- 1 c. à soupe d'aneth frais en petits morceaux ou 1 c. à café (1 c. à thé) d'aneth séché
- 1 c. à café (1 c. à thé) de zeste de citron finement râpé
- ¹/₄ c. à café (¹/₄ c. à thé) de poivre
- 2 c. à soupe de parmesan râpé
- Tiges d'aneth frais (facultatif)

- Cuire les pâtes selon le mode d'emploi indiqué sur l'emballage. Les égoutter, puis les garder au chaud.

- Entre-temps, couper le saumon en petits morceaux, puis réserver.

- Pour faire la sauce, cuire les petits oignons et l'ail dans la margarine ou le beurre, dans un grand poêlon, jusqu'à ce qu'ils soient tendres. Ajouter le saumon et cuire pendant 1 min. Incorporer la crème, l'aneth, le zeste de citron et le poivre. Porter à ébullition et réduire le feu. Laisser mijoter, sans couvercle, environ 5 min ou jusqu'à ce que la sauce ait légèrement épaissi. Retirer du feu, puis incorporer le parmesan.

- Disposer les pâtes dans des assiettes individuelles ou dans une grande assiette de service. Verser la sauce sur les pâtes. Si désiré, décorer de brins d'aneth frais.

Mostaccioli et crevettes, sauce tangerine-basilic

4 à 6 portions

PRÉPARATION

• Mettre 1,25 litre (5 tasses) de jus de tangerine ou d'orange, l'oignon, le piment, les feuilles de laurier et 1 c. à soupe d'ail dans une casserole moyenne. Porter à ébullition et cuire jusqu'à ce que le liquide ait le tiers de son volume original. Retirer le laurier. Laisser refroidir. Passer le mélange de jus au mélangeur jusqu'à consistance onctueuse. Saler et poivrer au goût, puis réserver.

• Cuire les pâtes selon le mode d'emploi indiqué sur l'emballage. Entre-temps, mettre l'huile, l'oignon rouge et les crevettes dans une poêle à frire moyenne. Faire sauter pendant 1 min. Ajouter à la poêle le reste du jus de tangerine ou d'orange et cuire à feu doux.

• Égoutter les pâtes, les remettre dans la casserole, puis ajouter la sauce à l'orange réservée et le mélange de crevettes. Cuire à feu doux pendant 1 min. Incorporer le brie et le basilic. Brasser jusqu'à ce que le fromage soit fondu. Déposer le tout dans une assiette de service. Garnir des quartiers de tangerine ou d'orange et des amandes grillées. Servir immédiatement.

INGRÉDIENTS

• 1,4 litre (5 ½ tasses) de jus de tangerine ou de jus d'orange
• 1 gros oignon haché
• 1 c. à soupe de piment jalapeño épépiné et émincé
• 2 feuilles de laurier
• 2 c. à soupe d'ail haché
• Sel et poivre fraîchement moulu, au goût
• 455 g (1 lb) de mostaccioli, de gros macaronis ou d'un autre type de pâtes moyennes non cuites
• 1 c. à soupe d'huile d'olive ou d'huile végétale
• 1 oignon rouge moyen finement tranché
• 455 g (1 lb) de crevettes moyennes décortiquées, les veines enlevées
• 115 g (4 oz) de fromage brie en dés
• 2 c. à soupe de feuilles de basilic finement hachées
• 160 g (1 tasse) de quartiers de tangerine ou d'orange
• 40 g (⅓ tasse) d'amandes effilées, légèrement grillées

Linguines aux huîtres à l'ail

4 portions

INGRÉDIENTS

- 60 g (¼ tasse) plus 2 c. à soupe de beurre
- 2 c. à soupe de farine tout usage
- 225 g (8 oz) de champignons frais, en quartiers
- 1 c. à café (1 c. à thé) d'épices cajun
- 1 c. à café (1 c. à thé) d'ail haché
- 24 huîtres écaillées en morceaux
- 90 g (½ tasse) de maïs en grains, blanchi
- 105 g (⅔ tasse) de haricots verts
- 2 c. à soupe de piments hachés
- 125 ml (½ tasse) de fumet de poisson
- 285 g (10 oz) de linguines fraîches
- 2 c. à soupe de persil frais, haché
- 3 c. à soupe de ciboules ou d'échalotes en tranches
- 115 g (4 oz) de chair de crabe

PRÉPARATION

• Dans une petite casserole, faire fondre 2 c. à soupe de beurre. Incorporer la farine pour faire un roux. Réserver.

• À feu moyen-élevé, faire sauter les champignons, les épices cajun et l'ail dans 60 g (¼ tasse) de beurre pendant 2 min. Ajouter les huîtres, le maïs, les haricots et les piments, puis faire sauter pendant 1 ½ min. Ajouter le fumet de poisson et les linguines, puis faire mijoter doucement.

• Incorporer le roux jusqu'à ce que la sauce épaississe, puis réduire le feu. Incorporer le persil et les petits oignons. Incorporer ensuite le crabe et réchauffer le tout. Servir immédiatement.

Pâtes au thon et au cresson

4 portions

• Cuire les pâtes dans une grande casserole d'eau bouillante selon le mode d'emploi indiqué sur l'emballage. Bien les égoutter, puis les mettre dans un grand plat de service.

• Ajouter le thon, le cresson, les olives, le zeste de lime, le gingembre, le vinaigre ainsi que l'huile et le jus de lime aux pâtes chaudes. Bien mélanger le tout et servir immédiatement.

INGRÉDIENTS

- 455 g (1 lb) de spaghettis
- 455 g (1 lb) de darnes de thon minces
- 1 bouquet de cresson (conserver les feuilles seulement)
- 115 g (4 oz) d'olives noires
- 1 c. à soupe de zeste de lime finement râpé
- 2 c. à café (2 c. à thé) de gingembre frais finement râpé
- 60 ml (¼ tasse) de vinaigre balsamique ou de vinaigre de vin rouge
- 1 c. à soupe d'huile d'olive
- 2 c. à soupe de jus de lime

Linguines aux fruits de mer

4 portions

- Dans une grande poêle à frire ou un wok, faire chauffer l'huile d'olive à feu moyen. Ajouter les petits oignons et l'ail. Faire sauter 1 min ou jusqu'à ce qu'ils soient légèrement tendres, puis ajouter le zeste de citron, le persil, les crevettes et les pétoncles. Faire sauter le tout jusqu'à ce que les crevettes deviennent roses et que les pétoncles soient transparents, soit de 1 à 2 min. Retirer de la poêle à l'aide d'une écumoire. Saler, poivrer et réserver.

- Verser le vin blanc dans la poêle, porter à ébullition et ajouter les moules. Couvrir et cuire les moules à la vapeur jusqu'à ce qu'elles s'ouvrent, soit environ 3 min. Retirer les moules de la poêle et les mettre de côté avec les crevettes et les pétoncles. Jeter toutes les moules qui ne sont pas ouvertes. Retirer la moitié des moules de leurs coquilles et laisser les autres dans leurs coquilles.

- Entre-temps, égoutter les tomates et les hacher, en conservant le jus. Ajouter les tomates, le jus et le piment en flocons à la poêle, puis porter à ébullition. Incorporer la moitié du basilic et faire mijoter 10 min pour que les saveurs se marient. Saler et poivrer. (La sauce peut être préparée à l'avance jusqu'à cette étape.)

- Au moment de servir, porter une grande casserole d'eau salée à ébullition. Ajouter les pâtes et cuire de 10 à 12 min jusqu'à ce qu'elles soient al dente. Bien les égoutter.

- Remettre les fruits de mer dans la sauce, saupoudrer du reste du basilic, puis réchauffer. Mélanger aux pâtes et servir.

INGRÉDIENTS

- 2 c. à soupe d'huile d'olive
- 3 ciboules ou échalotes hachées
- 1 gousse d'ail
- 1 c. à café (1 c. à thé) de zeste de citron râpé
- 2 c. à soupe de persil haché
- 12 grosses crevettes
- 12 pétoncles
- Sel et poivre
- 125 ml (1/2 tasse) de vin blanc
- 900 g (2 lb) de moules
- 750 g (26 oz) de tomates en conserve
- 1/2 c. à café (1/2 c. à thé) de piment rouge séché, en flocons
- 10 g (1/4 tasse) de basilic frais, haché
- 455 g (1 lb) de linguines

NOTE : Vous pouvez utiliser d'autres fruits de mer, selon vos préférences. Si vous avez envie d'une version végétarienne, remplacez les fruits de mer par des champignons et des poivrons, puis ajoutez-les à la sauce tomate. Avec les plats de fruits de mer, on ne sert habituellement pas de parmesan râpé

Vous pouvez aussi déposer sur la table un grand bol contenant les pâtes en sauce et laisser vos invités se servir.

Spaghettis aux calmars

6 portions

INGRÉDIENTS

- 1 oignon haché
- 2 c. à soupe d'huile d'olive
- ½ c. à café (½ c. à thé) d'ail finement haché
- 375 ml (1 ½ tasse) de vin blanc
- 115 g (4 oz) de tomates en conserve, hachées
- 2 c. à soupe de persil frais, haché
- ½ c. à café (½ c. à thé) d'origan séché
- Sel
- Poivre noir fraîchement moulu
- 1 kg (2 ¼ lb) de calmars nettoyés, coupés en rondelles
- 115 g (8 oz) de champignons en tranches
- 455 g (1 lb) de spaghettis

PRÉPARATION

• Faire sauter l'oignon dans l'huile d'olive jusqu'à ce qu'il soit tendre. Ajouter l'ail et le vin, puis faire bouillir à gros bouillons pendant 2 min. Réduire le feu, ajouter les tomates, le persil, l'origan ainsi que du sel et du poivre au goût.

• Ajouter les calmars, couvrir et cuire 45 min en brassant à l'occasion. Ajouter les champignons et poursuivre la cuisson 5 min.

• Cuire les spaghettis, puis les égoutter. Mélanger à la sauce et servir.

PÂTES COURTES ET PÂTES FARCIES

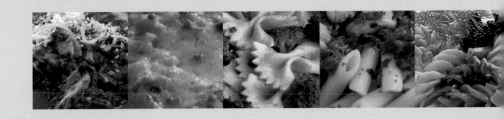

Raviolis, sauce au thon

4 portions

• Dans une grande casserole, cuire les raviolis dans l'eau bouillante salée selon le mode d'emploi indiqué sur l'emballage. Les égoutter, puis les garder au chaud.

• Pour faire la sauce, chauffer l'huile dans une poêle à frire et cuire l'oignon et l'ail à feu moyen de 4 à 5 min ou jusqu'à ce que l'oignon soit tendre. Incorporer les tomates, le concentré de tomate, le vin et le sucre. Porter à ébullition, puis ajouter le thon, le persil, l'aneth et le poivre. Réduire le feu et faire mijoter 10 min ou jusqu'à ce que la sauce ait réduit et qu'elle ait épaissi.

• Déposer les raviolis sur un plat de service réchauffé, les napper de sauce, saupoudrer de parmesan et servir immédiatement.

INGRÉDIENTS

• 370 g (13 oz) de raviolis aux épinards frais ou surgelés
• 2 c. à soupe de parmesan râpé

SAUCE TOMATE AU THON
• 1 c. à café (1 c. à thé) d'huile d'olive
• 1 oignon finement haché
• 1 gousse d'ail broyée
• 400 g (14 oz) de tomates en conserve avec leur jus, mises en purée
• 1 c. à soupe de concentré de tomate
• 1 c. à soupe de vin rouge sec
• 1 c. à café (1 c. à thé) de sucre
• 400 g (14 oz) de thon en conserve, égoutté et émietté
• 1 c. à soupe de persil frais finement haché
• 1 c. à soupe d'aneth frais finement haché
• Poivre noir fraîchement moulu

Penne au thon, aux olives et aux artichauts

4 à 6 portions

- Cuire les pâtes dans l'eau bouillante salée jusqu'à ce qu'elles soient al dente. Les égoutter, puis les rincer à l'eau froide.

- Faire chauffer 2 c. à soupe d'huile dans une casserole, ajouter l'ail et le piment, cuire ensuite de 2 à 3 min. Remettre les pâtes cuites dans la casserole, ajouter le reste des ingrédients et bien réchauffer le tout.

- Servir immédiatement avec du parmesan.

INGRÉDIENTS

- 455 g (1 lb) de penne
- 6 c. à soupe d'huile d'olive
- 2 gousses d'ail hachées
- 3 piments épépinés et finement hachés
- 135 g (1 tasse) d'olives noires dénoyautées
- 400 g (14 oz) d'artichauts en conserve
- 2 c. à soupe de câpres finement hachées
- 400 g (14 oz) de thon en conserve, égoutté
- Parmesan au goût

Rigatonis au saumon fumé

4 portions

INGRÉDIENTS

- 400 g (14 oz) de rigatonis
- Sel
- 145 g (5 oz) de gruyère grossièrement râpé
- 145 g (5 oz) de cheddar faible en gras, grossièrement râpé
- 2 c. à soupe d'aneth frais, haché
- 200 ml (7 oz) de crème à 35 %
- ½ c. à café (½ c. à thé) de cayenne
- 30 g (1 oz) de beurre
- 255 g (9 oz) de saumon fumé coupé en lanières

PRÉPARATION

• Préchauffer le four à 200 °C (400 °F). Cuire les pâtes dans une grande quantité d'eau salée, jusqu'à ce qu'elles soient al dente. Les égoutter, puis les remettre dans la casserole. Conserver 1 c. à soupe de chacun des ingrédients suivants (gruyère, cheddar et aneth), puis mélanger le reste aux pâtes avec la crème et le cayenne.

• Badigeonner un plat allant au four de 20 x 15 cm (8 x 6 po) de la moitié du beurre, puis y déposer la moitié des pâtes. Étendre le saumon fumé sur les pâtes, puis couvrir du reste des pâtes. Parsemer du gruyère, du cheddar et de l'aneth réservés, puis du reste du beurre. Couvrir de papier d'aluminium, puis cuire au four 15 min. Retirer le papier et cuire encore 5 min ou jusqu'à ce que le dessus fasse des bulles et soit doré.

Macaroni au thon

4 portions

- 55 g (2 oz) de beurre
- 2 c. à soupe de farine
- 1 c. à café (1 c. à thé) de moutarde sèche
- 375 ml (1 ½ tasse) de lait
- 2 c. à café (2 c. à thé) de jus de citron
- 225 g (8 oz) de thon en conserve, égoutté et émietté
- 85 g (3 oz) de coudes ou d'un autre type de petites pâtes cuites
- 115 g (4 oz) de cheddar fort, râpé
- Poivre noir fraîchement moulu

• À feu moyen, faire fondre le beurre dans une casserole, puis incorporer la farine et cuire pendant 1 min. Retirer la casserole du feu, ajouter la moutarde, puis incorporer graduellement le lait et le jus de citron. Remettre la casserole sur le feu et cuire, en brassant sans arrêt, pendant 5 min ou jusqu'à ce que la sauce bouillonne et soit épaisse.

• Incorporer le thon, les pâtes, la moitié du fromage et du poivre au goût. Verser le mélange dans un plat graissé, peu profond, allant au four, parsemer du reste du fromage et cuire 20 min à 180 °C (350 °F) ou jusqu'à ce que le fromage soit fondu et que le dessus soit doré.

NOTE : Voici une façon idéale d'utiliser les restes de pâtes. Ce plat classique peut se faire avec du saumon en conserve, ou bien avec un reste de jambon, de dinde ou de poulet, cuit, à la place du thon.

Raviolis aux crevettes et au gingembre

4 portions

- Hacher les crevettes finement. Mettre les crevettes, l'ail, le gingembre et les petits oignons dans un bol. Bien mélanger.

- Déposer une bonne cuillerée à café du mélange précédent au centre d'une pâte à ravioli chinois, badigeonner légèrement les bords d'eau, puis couvrir d'une autre pâte. Presser les bords ensemble pour bien sceller le tout. Répéter l'opération jusqu'à ce qu'il ne reste plus de farce ni de raviolis.

- Cuire quelques raviolis à la fois pendant 5 min dans une grande casserole d'eau qui bout à gros bouillons. Bien les égoutter, puis les répartir dans des assiettes de service. Répéter l'opération jusqu'à ce qu'il ne reste plus de raviolis.

- Pour faire la sauce, mettre le piment, la sauce nam pla (sauce de poisson), le sucre de palme, le jus de lime et l'huile d'arachide dans un contenant dont le couvercle visse. Couvrir et bien agiter le contenant.

- Verser un filet de sauce sur les raviolis et servir avec des brins de coriandre fraîche.

INGRÉDIENTS

- 600 g (21 oz) de crevettes fraîches, décortiquées, les veines enlevées
- 1 gousse d'ail hachée
- 1 c. à soupe de gingembre frais, haché
- 2 ciboules ou échalotes finement tranchées
- 200 g (7 oz) de pâtes à raviolis chinois
- Brins de coriandre fraîche pour garnir

SAUCE
- 1 petit piment rouge finement tranché
- 2 c. à soupe de sauce nam pla (sauce de poisson)
- 2 c. à café (2 c. à thé) de sucre de palme râpé
- 2 c. à café (2 c. à thé) de jus de lime
- 1 c. à soupe d'huile d'arachide

Raviolis au saumon fumé, sauce au citron et à l'aneth

4 portions

INGRÉDIENTS

- 115 g (4 oz) de morceaux de saumon fumé
- 1 blanc d'œuf
- 1 ½ c. à soupe de crème
- 2 c. à café (2 c. à thé) d'aneth frais grossièrement haché
- 2 à 3 c. à soupe de fécule de maïs
- 32 pâtes à raviolis chinois
- 1 c. à café (1 c. à thé) d'huile

SAUCE AU CITRON ET À L'ANETH
- 1 c. à soupe de beurre
- 1 c. à soupe de farine
- 180 ml (¾ tasse) de vin blanc
- 180 ml (¾ tasse) de crème à 35 %
- Le jus de ½ citron
- 2 c. à soupe d'aneth grossièrement haché
- Sel et poivre fraîchement moulu

PRÉPARATION

- Passer au robot culinaire le saumon, 1 c. à soupe du blanc d'œuf, la crème et l'aneth jusqu'à ce que le tout ait la consistance d'une mousse.

- Parsemer un plan de travail de fécule de maïs, puis y déposer les pâtes à raviolis chinois en huit rangées de quatre.

- Badigeonner de blanc d'œuf les bords d'un ravioli sur deux. Mettre 1 c. à café (1 c. à thé) du mélange de saumon au centre des raviolis dont les bords sont secs. Déposer une pâte à ravioli sans farce sur une pâte ayant de la farce, puis pincer doucement la pâte autour du mélange. Cela ressemble alors un peu à des cercles ou, si l'on utilise son imagination, à de petits oreillers. Répéter l'opération pour toutes les pâtes.

- Remplir à demi une grande casserole d'eau, ajouter l'huile, puis porter à ébullition. Ajouter de 220 à 330 g (2 à 3 tasses) de raviolis et cuire de 2 à 3 min. Réserver et couvrir de pellicule plastique.

- Pour faire la sauce, faire fondre le beurre dans une casserole, ajouter la farine et cuire 1 min. Ajouter le vin, brasser jusqu'à ce que la sauce soit onctueuse, puis verser la crème et le jus de citron. Porter à ébullition et réduire la sauce, mais elle doit rester encore un peu liquide.

- Pour servir, ajouter à la sauce l'aneth, le sel et le poivre, puis en napper les raviolis.

Macaroni aux calmars

4 portions

- Porter à ébullition une grande casserole d'eau légèrement salée. Ajouter les pâtes et cuire de 8 à 10 min ou jusqu'à ce qu'elles soient al dente. Les égoutter.

- Dans une petite casserole, faire bouillir les calmars de 8 à 10 min dans 750 ml (3 tasses) d'eau mélangée au vinaigre. Les égoutter, les couper en petites rondelles et réserver.

- Chauffer l'huile d'olive dans un grand poêlon à fond épais. Faire sauter l'oignon et l'ail jusqu'à ce que l'oignon soit tendre, sans être doré. Incorporer les calmars et les faire sauter pendant 2 min. Ajouter les tomates, puis verser le vin et le jus de citron. Ajouter la cannelle, les feuilles de laurier, le basilic, l'origan, le sel et le poivre. Porter à ébullition, réduire le feu et laisser mijoter de 15 à 20 min, partiellement couvert, en brassant de temps en temps.

- Retirer du feu et y mélanger les pâtes. Servir avec du fromage râpé.

INGRÉDIENTS

- 275 g (2 ½ tasses) de coudes
- 455 g (1 lb) de calmars nettoyés
- 60 ml (¼ tasse) de vinaigre de vin rouge
- 6 c. à soupe d'huile d'olive extra-vierge
- 1 gros oignon haché
- 4 gousses d'ail hachées
- 300 g (1 ½ tasse) de tomates concassées
- 60 ml (¼ tasse) de vin blanc sec
- Le jus de ½ citron
- 1 bâton de cannelle coupé en deux
- 2 feuilles de laurier
- ¼ c. à café (¼ c. à thé) de feuilles de basilic séché
- ½ c. à café (½ c. à thé) d'origan séché
- Sel et poivre noir moulu au goût
- 60 g (½ tasse) de fromage myzithra râpé

Pâtes au maïs, aux tomates et aux pétoncles

4 portions

- 455 g (1 lb) de coquilles moyennes, de gros macaronis ou d'un autre type de pâtes moyennes non cuites
- 1 c. à soupe plus 1 c. à café (1 c. à thé) d'huile d'olive ou d'huile végétale
- 120 g (³/₄ tasse) d'oignon rouge en tranches
- 455 g (1 lb) de pétoncles ou de crevettes moyennes décortiquées, les veines enlevées
- 220 g (1 tasse) de maïs en grains frais ou surgelé
- 2 gousses d'ail hachées
- 4 grosses tomates mûres, pelées, épépinées et en dés
- 2 c. à soupe d'origan frais, haché
- ¹/₂ c. à café (¹/₂ c. à thé) de romarin séché
- ¹/₂ à 1 c. à café (¹/₂ à 1 c. à thé) de tabasco
- 2 c. à soupe de vinaigre de vin rouge
- 1 c. à soupe de jus de citron
- 55 g (2 oz) de fromage feta émietté
- Sel et poivre fraîchement moulu, au goût

• Préparer les pâtes selon le mode d'emploi indiqué sur l'emballage. Entre-temps, chauffer 1 c. à soupe d'huile dans un grand poêlon ou dans un wok. Ajouter l'oignon et cuire environ 2 min. Ajouter les pétoncles ou les crevettes, le maïs et l'ail. Cuire 4 min en brassant souvent. Ajouter les tomates, l'origan, le romarin et le tabasco. Faire mijoter environ 5 min jusqu'à ce que les fruits de mer soient cuits et que le mélange soit bien chaud. Incorporer le vinaigre de vin et le jus de citron.

• Quand les pâtes sont cuites, les égoutter soigneusement, puis les mettre dans un plat de service. Verser en filet le reste de l'huile et bien mélanger. Verser le mélange de tomates sur les pâtes. Parsemer de fromage feta, saler et poivrer, puis servir immédiatement.

Moules, sauce tomate

4 portions

• Laver les moules, en retirer la barbe et jeter toutes celles qui sont ouvertes.

• Verser l'eau dans une grande casserole. Ajouter les moules, couvrir et cuire à la vapeur de 4 à 5 min jusqu'à ce que les coquilles s'ouvrent. Jeter toutes celles qui ne sont pas ouvertes.

• Conserver 125 ml (½ tasse) du jus de cuisson des moules. Retirer les moules de leurs coquilles et conserver de 4 à 6 moules dans leurs coquilles pour garnir.

• Cuire les pâtes selon le mode d'emploi indiqué sur l'emballage. Entre-temps, préparer la sauce. Mettre les tomates dans une casserole moyenne, incorporer le zeste et le jus de citron ainsi que le persil. Saler et poivrer.

• Mélanger les moules, la sauce et les pâtes. Remuer délicatement. Garnir le tout des moules dans leurs coquilles et de brins de persil. Servir immédiatement avec du pain croûté.

- 1 kg (2 ¼ lb) de grosses moules
- 375 ml (1 ½ tasse) d'eau
- 370 g (13 oz) de penne ou d'un autre type de pâtes, cuites et égouttées
- 570 g (20 oz) de tomates en conserve
- Le jus et le zeste de ½ citron
- 2 c. à soupe de persil italien, haché plus quelques brins pour la garniture
- Sel et poivre

Coquilles au brocoli et aux raisins de Smyrne

4 portions

- 3 c. à soupe de raisins de Smyrne
- 2 c. à soupe de pignons
- 455 g (1 lb) de bouquets de brocoli (jeter les tiges dures)
- Sel et poivre noir
- 4 c. à soupe d'huile d'olive extra-vierge
- 1 petit oignon finement tranché
- 4 filets d'anchois égouttés et hachés
- 400 g (14 oz) de coquilles séchées
- 30 g (1 oz) de beurre
- 55 g (2 oz) de parmesan fraîchement râpé

PRÉPARATION

• Mettre les raisins dans un bol, les couvrir d'eau très chaude et les laisser tremper 15 minutes ou jusqu'à ce qu'ils soient gonflés. Bien les égoutter. Faire chauffer une grande poêle à frire à fond épais à feu élevé, puis y mettre les pignons et les faire griller sans corps gras de 2 à 3 min jusqu'à ce qu'ils soient dorés. Les retirer de la poêle et réserver. Cuire les bouquets de brocoli dans l'eau bouillante salée pendant 3 min, puis bien les égoutter.

• Chauffer l'huile dans la poêle, puis y frire l'oignon doucement environ 5 min ou jusqu'à ce qu'il soit tendre. Ajouter les anchois et les mettre en purée à l'aide d'une fourchette, puis incorporer le brocoli, les raisins et les pignons. Cuire, en brassant, pendant 5 min. Saler et poivrer au goût.

• Cuire les pâtes dans une grande quantité d'eau bouillante salée jusqu'à ce qu'elles soient al dente. Les égoutter, les remettre dans la casserole, puis les mélanger avec le beurre, le parmesan et la moitié du mélange de brocoli. Mettre les pâtes dans un bol et garnir du reste du mélange de brocoli.

Pâtes au saumon et à l'aneth

INGRÉDIENTS

- 455 g (1 lb) de pâtes en forme de roue ou d'un autre type de pâtes moyennes non cuites
- 455 g (1 lb) de darnes de saumon ou 400 g (14 oz) de saumon en conserve, égoutté
- Sel et poivre fraîchement moulu
- 4 c. à soupe d'aneth fraîchement haché
- 3 tiges de céleri hachées
- 1 oignon moyen, haché
- 1 carotte en tranches
- 2 c. à soupe d'huile végétale
- 2 c. à soupe de jus de citron
- 1 c. à soupe de vinaigre de vin blanc

PRÉPARATION

- Préchauffer le four à 180 °C (350 °F). Préparer les pâtes selon le mode d'emploi indiqué sur l'emballage, puis les égoutter.

- Mettre le saumon dans un plat allant au four à l'épreuve de la corrosion, puis poivrer. Couvrir le plat de papier d'aluminium et cuire au four 25 min.

- Retirer le papier d'aluminium et laisser refroidir. Enlever la peau et les arêtes du poisson, puis les jeter. Défaire le saumon en gros morceaux et le mettre dans un grand bol à mélanger. (Si l'on utilise du saumon en conserve, le mettre directement dans un bol, puis saler et poivrer.) Ajouter l'aneth, le céleri, l'oignon, la carotte et les pâtes. Dans un petit bol, bien battre l'huile, le jus de citron et le vinaigre. Ajouter le saumon et les pâtes, puis mélanger délicatement. Servir bien froid.

Penne, sauce marinara à la vodka

INGRÉDIENTS

- 60 ml (¼ tasse) de vodka
- ⅛ c. à café (⅛ c. à thé) de piment rouge séché, en flocons
- 1 c. à soupe d'huile d'olive
- 120 g (¾ tasse) d'oignons hachés
- 2 c. à café (2 c. à thé) d'ail haché
- ⅛ c. à café (⅛ c. à thé) de sel
- 750 g (26 oz) de sauce marinara déjà préparée
- 180 ml (¾ tasse) de crème à 15 %
- 10 g (¼ tasse) de basilic frais, haché
- 2 c. à soupe de parmesan fraîchement râpé
- 455 g (1 lb) de penne ou d'un autre type de pâtes séchées, cuites selon le mode d'emploi indiqué sur l'emballage

PRÉPARATION

- Mélanger la vodka et le piment en flocons, puis réserver.

- À feu moyen-élevé, chauffer l'huile dans une grande casserole. Ajouter les oignons et cuire quelques minutes, en brassant de temps en temps, jusqu'à ce qu'ils soient tendres. Ajouter l'ail et le sel et cuire 1 min de plus.

- Ajouter le mélange de vodka. Cuire à feu élevé jusqu'à ce que la vodka soit presque complètement évaporée. Incorporer la sauce marinara et faire mijoter 5 min. Ajouter la crème, le basilic et le parmesan et bien réchauffer. Mélanger aux pâtes dans un plat de service.

Penne, sauce à la baudroie et aux tomates

4 portions

• Mettre les tomates dans un bol et les couvrir d'eau bouillante. Les laisser ainsi pendant 30 sec, puis les peler, les épépiner et les hacher.

• Faire chauffer 3 c. à soupe d'huile dans une grande casserole à fond épais, puis y frire doucement l'ail et le piment pendant 1 min pour qu'une bonne odeur s'en dégage. Ajouter le poisson, l'origan ainsi que le sel et le poivre, puis verser le vin. Porter à ébullition, puis réduire à feu doux, couvrir et laisser mijoter 5 min en retournant le poisson une fois pendant la cuisson. Ajouter les tomates et cuire encore 5 min, sans couvercle, jusqu'à ce que le poisson soit cuit et que les tomates soient tendres. Saler et poivrer au goût.

• Entre-temps, cuire les pâtes dans une grande quantité d'eau bouillante salée jusqu'à ce qu'elles soient al dente, puis les égoutter. Les mettre dans un plat de service réchauffé, mélanger avec le reste de l'huile et verser la sauce sur les pâtes. Garnir de persil.

- 255 g (9 oz) de tomates mûres
- 6 c. à soupe d'huile d'olive extra-vierge
- 1 gousse d'ail hachée
- 1 c. à café (1 c. à thé) de piment séché, en flocons
- 340 g (12 oz) de filets de baudroie, sans la peau, coupés en morceaux de 2,5 cm (1 po)
- 1 c. à soupe d'origan séché
- Sel et poivre noir
- 200 ml (7 oz) de vin blanc sec
- 340 g (12 oz) de penne ou d'un autre type de pâtes, séchées
- Persil frais haché pour garnir

Coquilles aux fruits de mer

8 portions

- Porter à ébullition une grande casserole d'eau légèrement salée, ajouter les pâtes et cuire de 8 à 10 min jusqu'à ce qu'elles soient al dente. Égoutter.

- À feu moyen, chauffer l'huile d'olive dans une grande casserole. Y faire sauter les champignons, les petits oignons et l'ail jusqu'à ce que l'ail soit tendre. Incorporer les crevettes, les pétoncles et la chair de crabe. Cuire 5 min ou jusqu'à ce que les crevettes soient roses. Incorporer le vin, le jus de citron et le beurre et cuire 5 min.

- Mélanger les pâtes avec les fruits de mer et le persil.

INGRÉDIENTS

- 455 g (1 lb) de coquilles moyennes
- 6 c. à soupe d'huile d'olive
- 70 g (1 tasse) de champignons frais en tranches
- 80 g (³/₄ tasse) de ciboules ou d'échalotes hachées
- 2 c. à soupe d'ail haché
- 455 g (1 lb) de crevettes moyennes décortiquées, les veines enlevées
- 455 g (1 lb) de pétoncles
- 455 g (1 lb) de chair de crabe
- 500 ml (2 tasses) de vin blanc sec
- 6 c. à soupe de jus de citron frais
- 115 g (¹/₂ tasse) de beurre
- 15 g (¹/₄ tasse) de persil frais, haché

Crevettes à la diable

- 3 c. à soupe d'huile d'olive
- 340 g (³/₄ lb) de crevettes moyennes crues, décortiquées, les veines enlevées
- ½ c. à café (½ c. à thé) de sel
- ¼ c. à café (¼ c. à thé) de piment rouge séché, en flocons
- 80 ml (¹/₃ tasse) de vin blanc sec
- 160 g (1 tasse) d'oignon haché
- 2 c. à café (2 c. à thé) d'ail haché
- 750 g (26 oz) de tomates entières, en conserve, dans leur jus
- 455 g (1 lb) de fusillis, de penne, ou d'un autre type de pâtes séchées, cuites selon le mode d'emploi indiqué sur l'emballage
- 15 g (¼ tasse) de persil frais, haché

• À feu élevé, chauffer 1 c. à soupe d'huile dans un grand poêlon. Ajouter les crevettes, le sel et le piment en flocons, cuire ensuite en brassant pendant 1 min ou jusqu'à ce que les crevettes soient opaques. Ajouter le vin et faire bouillir pendant 30 sec. Mettre les crevettes et le vin dans un bol.

• Réduire à feu moyen-élevé et chauffer le reste de l'huile d'olive dans le même poêlon. Ajouter l'oignon et cuire de 6 à 7 min ou jusqu'à ce qu'il soit légèrement doré. Incorporer l'ail et cuire 30 sec.

• Ajouter les tomates, en les défaisant avec une cuillère. Porter à ébullition et faire bouillir pendant 5 min, en brassant de temps en temps. Incorporer les crevettes et cuire 1 min. Dans un grand bol, verser la sauce sur les pâtes, ajouter le persil, puis brasser le tout.

Coquilles, sauce aux anchois

4 portions

• Dans une grande casserole, cuire les pâtes dans l'eau bouillante selon le mode d'emploi indiqué sur l'emballage. Les égoutter, puis les conserver au chaud.

• Pour faire la sauce, chauffer l'huile dans une grande poêle à frire et cuire les oignons et l'ail à feu moyen pendant 10 min ou jusqu'à ce que les oignons soient tendres. Incorporer le vin et les anchois, puis porter à ébullition. Cuire de 2 à 3 min ou jusqu'à ce que le vin ait réduit de moitié.

• Incorporer le romarin et le bouillon, puis porter de nouveau à ébullition. Cuire jusqu'à ce que la sauce ait réduit et légèrement épaissi. Ajouter le piment et les pâtes à la sauce, bien mélanger, saupoudrer de parmesan et servir immédiatement.

- 455 g (1 lb) de petites coquilles
- 55 g (2 oz) de parmesan fraîchement râpé

SAUCE AUX ANCHOIS
- 2 c. à soupe d'huile d'olive
- 3 oignons hachés
- 1 gousse d'ail broyée
- 125 ml (½ tasse) de vin blanc sec
- 8 anchois en conserve
- 1 c. à soupe de feuilles de romarin frais, hachées, ou 1 c. à café (1 c. à thé) de romarin séché
- 250 ml (1 tasse) de bouillon de bœuf ou de poulet
- 1 piment rouge frais, épépiné et coupé en rondelles

Pâtes aux crevettes à la grecque

4 portions

- Dans un grand poêlon, chauffer l'huile à feu moyen. Ajouter l'ail et le faire sauter 30 sec. Ajouter les crevettes et les faire sauter environ 2 min jusqu'à ce qu'elles soient presque cuites. Ajouter les artichauts, le fromage feta, les tomates, le jus de citron, le persil et l'origan, puis faire sauter le tout pendant environ 2 min, jusqu'à ce que les crevettes soient cuites. Saler et poivrer.

- Entre-temps, cuire les pâtes dans une grande casserole d'eau bouillante salée jusqu'à ce qu'elles soient al dente, en brassant de temps en temps. Les égoutter. Mettre ensuite les pâtes dans un grand plat de service.

- Ajouter le mélange de crevettes aux pâtes et remuer pour bien enduire les pâtes de sauce. Saler et poivrer au goût, puis servir.

INGRÉDIENTS

- 60 ml (¼ tasse) d'huile d'olive
- 4 c. à café (4 c. à thé) d'ail haché
- 455 g (1 lb) de crevettes moyennes crues, décortiquées, les veines enlevées
- 240 g (1 ½ tasse) de cœurs d'artichaut en conserve, égouttés et hachés
- 240 g (1 ½ tasse) de fromage feta émietté
- 100 g (½ tasse) de tomates épépinées, hachées
- 3 c. à soupe de jus de citron frais
- 3 c. à soupe de persil frais, haché
- 2 c. à soupe d'origan frais finement haché ou 1 ½ c. à café (1 ½ c. à thé) d'origan séché
- Sel et poivre au goût
- 455 g (16 oz) de pâtes en spirale

Crevettes au basilic et aux tomates

INGRÉDIENTS

- 340 g (12 oz) de crevettes moyennes, fraîches ou surgelées, décortiquées, les veines enlevées
- 1 c. à soupe d'huile à cuisson
- 1 gros oignon haché
- 2 gousses d'ail hachées
- 400 g (2 tasses) de tomates italiennes ou d'un autre type de tomates, hachées
- 2 c. à soupe de basilic frais en petits morceaux ou 1 c. à café (1 c. à thé) de basilic séché
- 1 c. à soupe de câpres égouttées (facultatif)
- $^1/_2$ c. à café ($^1/_2$ c. à thé) de sel
- $^1/_8$ c. à café ($^1/_8$ c. à thé) de poivre
- 225 g (8 oz) de spaghettis ou d'un autre type de pâtes cuites, égouttées
- 30 g ($^1/_4$ tasse) de parmesan finement râpé
- Feuilles de basilic frais (facultatif)

PRÉPARATION

- Décongeler les crevettes, au besoin. Réserver.

- Verser l'huile dans un wok ou un grand poêlon – pendant la cuisson, ajouter de l'huile, si nécessaire. Préchauffer à feu moyen-élevé. Faire sauter l'oignon et l'ail dans l'huile très chaude pendant 2 min ou jusqu'à ce que l'oignon soit al dente. Retirer du wok.

- Ajouter les crevettes au wok chaud. Faire sauter de 2 à 3 min ou jusqu'à ce que les crevettes soient opaques.

- Remettre le mélange d'oignon dans le wok. Ajouter les tomates, le basilic et les câpres, si désiré, saler, poivrer et brasser. Cuire en brassant pendant encore 1 min ou jusqu'à ce que le tout soit bien chaud.

- Servir immédiatement sur les pâtes cuites bien chaudes. Saupoudrer de parmesan. Garnir de feuilles de basilic frais, si désiré.

Penne, sauce au poisson et au citron

4 portions

- Dans une casserole, faire chauffer le beurre, puis y faire sauter les petits oignons et l'ail jusqu'à ce que l'ail soit doré. Ajouter le poisson et le faire sauter jusqu'à ce qu'il soit presque cuit. Retirer le poisson de la casserole et le conserver au chaud.

- Cuire les pâtes selon le mode d'emploi indiqué sur l'emballage jusqu'à ce qu'elles soient al dente. Les égoutter et les conserver au chaud.

- Entre-temps, à feu élevé, verser le vin dans la casserole et cuire de 2 à 3 min. Ajouter le jus et les tranches de citron, le persil, le poivre vert et du sel, au goût. Cuire environ 5 min pour faire réduire la sauce de moitié. Diminuer à feu doux, ajouter la crème et faire mijoter encore 5 min. Ajouter le poisson à la sauce et bien réchauffer le tout.

- Servir immédiatement la sauce sur les pâtes très chaudes et garnir de persil supplémentaire.

INGRÉDIENTS

- 55 g (2 oz) de beurre
- 4 oignons verts ou oignons nouveaux moyens, finement hachés
- 3 gousses d'ail broyées
- 455 g (1 lb) de poisson à chair blanche, ferme, comme la perche de mer, coupé en morceaux
- 455 g (1 lb) de penne
- 125 ml (½ tasse) de vin blanc sec
- 75 ml (2 ½ oz) de jus de citron
- 3 fines tranches de citron (enlever le zeste sur deux tranches)
- 1 c. à soupe de persil italien finement haché
- ½ c. à café (½ c. à thé) de poivre vert
- Sel au goût
- 310 ml (11 oz) de crème
- Quantité supplémentaire de persil haché

Fusillis au saumon fumé

INGRÉDIENTS

- 2 gros poireaux finement hachés
- 1 grosse gousse d'ail finement hachée
- 55 g (2 oz) de beurre
- 2 c. à soupe de brandy
- ¼ c. à café (¼ c. à thé) de pâte de piments
- 2 c. à soupe d'aneth frais finement haché
- 1 c. à café (1 c. à thé) de concentré de tomate
- 400 ml (14 oz) de crème
- 455 g (1 lb) de fusillis ou d'un autre type de pâtes en spirale
- 200 g (7 oz) de saumon fumé en lanières
- 55 g (2 oz) de caviar noir ou rouge
- Aneth frais pour la garniture
- Poivre noir fraîchement moulu

PRÉPARATION

• Frire légèrement les poireaux et l'ail dans le beurre jusqu'à ce que les légumes soient tendres. Ajouter le brandy et cuire encore jusqu'à ce que l'alcool ait réduit et que la sauce soit plus épaisse. Ajouter la pâte de piments, l'aneth, le concentré de tomate et 300 ml (10 oz) de crème, puis mélanger le tout.

• Cuire les pâtes jusqu'à ce qu'elles soient al dente. Chauffer la sauce doucement, puis ajouter le saumon fumé. Incorporer le reste de la crème aux pâtes cuites, puis ajouter la sauce. Garnir de caviar, d'aneth supplémentaire et de poivre. Servir immédiatement.

Pâtes aux asperges et au saumon

4 portions

- Cuire les pâtes selon le mode d'emploi indiqué sur l'emballage. Pendant les cinq dernières minutes de cuisson, ajouter les tiges d'asperge. Égoutter et réserver les tiges entières.

- Entre-temps, dans une petite casserole, mettre le bouillon, le poivron, l'ail, le basilic ou l'aneth et le sel. Porter à ébullition. Réduire le feu. Faire bouillir doucement, sans couvercle, de 10 à 12 min ou jusqu'à ce que presque tout le liquide soit évaporé. Incorporer le jus de citron et l'huile, puis réserver.

- Rincer le poisson et bien l'assécher. Mettre les darnes sur la grille graissée d'un barbecue, directement au-dessus des briquettes moyennement chaudes. Ne pas fermer le couvercle du barbecue. Faire griller de 4 à 6 min ou jusqu'à ce que le poisson se défasse facilement à la fourchette. On peut aussi faire griller le poisson au four ou le faire pocher jusqu'à ce qu'il soit cuit.

- Mêler les pâtes chaudes au mélange de bouillon. Servir le poisson sur les pâtes. Garnir de tiges d'asperge entières.

INGRÉDIENTS

- 225 g (8 oz) de penne ou d'un autre type de pâtes séchées
- 340 g (12 oz) de tiges d'asperge, parées et coupées en petits morceaux plus quelques tiges pour la garniture
- 125 ml ($\frac{1}{2}$ tasse) de bouillon de poulet
- 40 g ($\frac{1}{4}$ tasse) de poivron rouge finement haché
- 1 gousse d'ail hachée
- $\frac{1}{2}$ c. à café ($\frac{1}{2}$ c. à thé) de basilic séché, haché, ou $\frac{1}{4}$ c. à café ($\frac{1}{4}$ c. à thé) d'aneth séché
- $\frac{1}{8}$ c. à café ($\frac{1}{8}$ c. à thé) de sel
- 60 ml ($\frac{1}{4}$ tasse) de jus de citron
- 60 ml ($\frac{1}{4}$ tasse) d'huile d'olive
- 4 x 115 g (4 oz) de darnes de saumon ou de thon, frais, de 1 cm ($\frac{1}{2}$ po) d'épaisseur

Penne aux moules, sauce à l'orange

INGRÉDIENTS

- 455 g (1 lb) de penne
- 85 g (3 oz) de beurre non salé
- 8 ciboules ou échalotes hachées
- 6 lanières de zeste d'orange
- ¼ c. à café (¼ c. à thé) de graines de fenouil
- 2 kg (4 ½ lb) de moules brossées
- 250 ml (1 tasse) de crème à 35 %
- Poivre noir fraîchement moulu

PRÉPARATION

• Porter à ébullition une grande casserole d'eau bouillante légèrement salée, ajouter les pâtes et les cuire al dente.

• Entre-temps, faire fondre le beurre à feu moyen dans une casserole à fond épais. Ajouter les petits oignons et cuire 2 min. Ajouter le zeste d'orange, le fenouil et les moules. Couvrir, cuire 5 min et retirer les moules qui sont ouvertes. Cuire encore 3 min et retirer encore une fois les moules ouvertes. Jeter toutes les moules qui sont encore fermées.

• Retirer les moules de leurs coquilles et réserver. Conserver quelques moules cuites dans leurs coquilles pour garnir, si désiré.

• Ajouter la crème à la casserole et faire bouillir jusqu'à ce que la sauce soit épaisse. Poivrer au goût. Réduire le feu, remettre les moules dans la sauce et chauffer doucement.

• Bien égoutter les pâtes et les déposer dans un grand plat de service réchauffé. Retirer le zeste d'orange de la sauce, puis verser la sauce sur les pâtes. Bien mélanger. Servir immédiatement.

Pâtes au brocoli et aux anchois

4 à 6 portions

- 455 g (1 lb) de bouquets de brocoli
- 125 ml (½ tasse) d'huile d'olive
- 6 filets d'anchois égouttés
- 3 gousses d'ail pelées et finement tranchées
- ½ c. à café (½ c. à thé) de piment fraîchement haché
- Poivre noir fraîchement moulu, au goût
- 400 g (14 oz) de pâtes au choix

• Cuire le brocoli dans l'eau bouillante, de 1 à 2 min, pour qu'il soit al dente.

• Chauffer l'huile dans une poêle à frire. Cuire les anchois et l'ail en brassant, jusqu'à ce qu'on ne puisse plus distinguer les anchois. Incorporer le piment, puis ajouter le brocoli et le poivre.

• Entre-temps, cuire les pâtes dans l'eau bouillante salée jusqu'à ce qu'elles soient al dente. Les égoutter et ajouter la sauce. Bien mélanger et servir.

Glossaire

AL DENTE : Expression italienne signifiant que les aliments sont cuits jusqu'à ce qu'ils soient tendres, mais encore un peu fermes sous la dent. On l'emploie surtout pour les pâtes.

BLANCHIR : Plonger des aliments dans l'eau bouillante, puis, dans certains cas, dans l'eau froide. On fait blanchir les tomates pour enlever la peau facilement.

BOUQUET GARNI : Un bouquet d'herbes généralement composé de brins de persil, de thym, de marjolaine, de romarin, d'une feuille de laurier, de grains de poivre et de gousses, le tout emballé dans une mousseline à fromage. On l'utilise pour aromatiser de nombreux plats en casserole.

COULIS : Purée légère de fruit ou de légume frais ou cuit que l'on peut verser sur un aliment ou sur un plat. Un coulis peut avoir une texture grossière ou très onctueuse.

DIABLE, À LA : Qualifie une sauce ou un plat qui est fortement assaisonné d'un ingrédient piquant comme la moutarde, la sauce Worcestershire ou le cayenne.

GRAS MONOINSATURÉS : L'un des trois types de gras présents dans les aliments. Ils ont la réputation de ne pas faire augmenter le taux de cholestérol dans le sang.

GRAS POLYINSATURÉS : L'un des trois types de gras présents dans les aliments. On les trouve en grande quantité dans des huiles végétales comme l'huile de carthame, de tournesol, de maïs et de soya. Ce type de gras abaisse le taux de cholestérol dans le sang.

GRAS SATURÉS : L'un des trois types de gras présents dans les aliments. On les trouve en grande quantité dans les viandes, l'huile de noix de coco et l'huile de palme. Ce type de gras augmente le taux de cholestérol dans le sang. Comme des taux de cholestérol élevés peuvent entraîner des maladies cardiaques, on recommande une consommation de gras saturés de moins de 15% des kilojoules que procure l'alimentation quotidienne.

GRAS TOTAL : Consommation quotidienne individuelle des trois types de gras décrits dans ce glossaire. Les diététistes recommandent que le gras ne dépasse pas 35% de l'énergie fournie par les aliments.

GRATIN, AU : Plat parsemé de chapelure, souvent nappé de sauce au fromage et doré jusqu'à ce qu'une croûte se forme.

HUILE DE CARTHAME : Huile végétale qui contient le taux le plus élevé de gras polyinsaturés.

MARINADE : Liquide assaisonné, généralement composé d'huile et d'un élément acide, dans lequel on fait tremper la viande ou d'autres aliments pour les attendrir et leur donner plus de saveur.

PAPILLON : Fendre un aliment en deux, à l'horizontale, en le coupant presque complètement, pour qu'une fois ouvert, il ressemble à un papillon aux ailes déployées. Les grosses crevettes et les filets de poisson épais sont souvent coupés en papillon. Ils peuvent donc cuire plus rapidement.

RÉDUIRE : Cuire à feu très élevé, sans couvercle, jusqu'à ce que le liquide réduise par évaporation.

VINAIGRE BALSAMIQUE : Vinaigre doux, très parfumé, à base de vin. Fabriqué dans le Nord de l'Italie selon la méthode traditionnelle, ce vinaigre vieillit au moins sept ans dans une série de barils faits de différentes essences de bois.

Index

TABLE DES MATIÈRES

Achevé d'imprimer au Canada
en février 2004
sur les presses des Imprimeries Transcontinental Inc.